应用技术类院校教学质量管理体系研究

莫秋云 著

撰写核心成员 陈利 刘利民 余玲 刘浩

西安电子科技大学出版社

内 容 简 介

本书分为"基础篇"和"实践篇"两部分。"基础篇"对教育教学相关理论与实践进行了解析,提出了符合现代社会发展需要的应用技术教育质量工程建设的新思路;"实践篇"中构建了教育教学监控与质量评价体系并进行了教学过程实践检验与总结,力求在教育教学探索与改革实践过程中使理论与实践各环节的结合能够逐层深入、稳步提高,从而实现教育理论与教学实践的紧密结合,实现"传道、授业、解惑"途径与培养"德才兼备、应用技术一流人才"目标的紧密结合。

本书主要供从事应用技术类教育教学的一线教师以及从事相关教育教学管理的人员学习、参考。

图书在版编目(CIP)数据

应用技术类院校教学质量管理体系研究 / 莫秋云著. —— 西安:西安电子科技大学出版社,2019.1
ISBN 978-7-5606-5143-9

Ⅰ. ① 应… Ⅱ. ① 莫… Ⅲ. ① 高等职业教育—教学质量—质量管理体系—研究

Ⅳ. ① F718.5

中国版本图书馆 CIP 数据核字(2018)第 270333 号

策划编辑　陈　婷
责任编辑　刘　霜　陈　婷
出版发行　西安电子科技大学出版社(西安市太白南路 2 号)
电　　话　(029)88242885　88201467　　　邮　　编　710071
网　　址　www.xduph.com　　　　　电子邮箱　xdupfxb001@163.com
经　　销　新华书店
印刷单位　陕西天意印务有限责任公司
版　　次　2019 年 1 月第 1 版　　2019 年 1 月第 1 次印刷
开　　本　787 毫米×1092 毫米　1/16　印　张　9
字　　数　207 千字
印　　数　1~1000 册
定　　价　30.00 元

ISBN 978-7-5606-5143-9 / F

XDUP 5445001—1

***** 如有印装问题可调换 *****

前　言

应用技术类高等教育是介于研究型高等教育和职业高等教育之间的一种教育类型，它既强调培养学生较强的理论基础和创新创意能力，又强化培养学生分析问题、解决问题的实际能力，更突出地体现了培养目标与社会行业需求的直接对接，重视人才的社会适应性和职业践行能力，目的是培养在工程设计基础上能够将设计思想通过图纸实现施工过程并转化成实际成果的实践型人才。

近年来，我国应用技术类高等教育有了显著的发展。在充分研究国外应用技术类教育的发展，特别是德国的"双元制"教育、英国的"三明治"教育、美国与加拿大的"合作教育"的基础上，以及在国家"优先发展教育"的战略指导下，我国应用技术类高等教育的发展不仅体现在国家现代职业教育体系的战略中，也充分体现在国家教育战略布局中的应用技术类院校的转型建设和对高等职业教育的全面指导与支持上。

本书是桂林电子科技大学应用技术类教育教学研究课题组（以下简称"课题组"）关于应用技术类高等教育教学监控与质量评价体系的研究成果。课题组由两名教授（院长）和三名副教授（系主任）、一名高级实验师（系主任）担任核心成员，全体成员重点参与过机械工程、电信工程等优势特色专业建设，并且在教学一线从事研究生、本科（普通本科、应用型本科）、高职等各培养层次的多学科门类的基础课程和专业课程的教学工作，对教学内容与过程有最直接的体会与心得。尤其是自2013年以来，课题组重点研究了针对不同生源起点（应用型本科、高职本科、高职、中职生源本科等）的多层次应用型人才培养"立交桥"的构建与教学内涵建设、课程集成与课程群建设、系列特色教材建设和"双师型"高素质教师队伍建设，并完成了省部级多项课题的研究，积累了丰富的经验和丰硕的成果（获得广西区级教学成果奖5项，出版特色教材10余部，公开发表教学改革论文20余篇等）。2016年，课题组获得了广西职业教育教学改革研究重大招标课题"职业教育教学监控与质量评价体系构建研究"（《关于公布2016年度广西职业教育教学改革研究重大招标课题评审结果的通知》[桂教职成〔2016〕32号]），在此基础上组织专门针对应用技术类人才培养的教育教学监控与质量评价体系的系统性构建研究与实践，从背景调研、教育教学现状调查到进行符合新时期新型教育教学监控与质量评价体系的理论研究与教学实践探索，形成了一套既有教育理论指导，又有教学实践论证的，监控与评价各层次要素密切结合的完整的机制体制体系结构与软硬件平台系统，集成此书，愿与同行共同探讨，为祖国的教育事业出一份力。

本书的主要内容如下：

"基础篇"包括第一章和第二章的内容，分别简述了国内外应用技术教育发展、现代社会对教育教学监控与质量评价体系提出的新要求（第一章"研究背景"）和现代应用技术教育教学改革的指导思想、构建体系的理论基础及政策依据、区域职教教学监控与质量评价体系现状的调查（第二章"应用技术类教育教学监控与质量评价体系构建依据与框架"）。

"实践篇"包括第三至六章的内容，主要从教学监控与质量评价体系的构成要素分析入手，提出应用技术人才培养教育教学监控与质量评价体系的新模式；从教学质量保障机制建设的理论基础出发，提出质量保障机制建设的指导思路，以及质量保障机制的体系建设；从现代计算机等技术入手，完成教育教学监控与质量评价综合信息系统软硬件平台的建设；在教学改革成果的指导下，对新型教育教学监控与质量评价体系和保障机制在教学实践中的应用情况进行总结。

本书由莫秋云教授组织编著，并完成写作思路、整体框架设计，前言与内容简介的撰写、以及章节目录的设计整理等工作。具体各章节完成情况如下：莫秋云、胡泽民、甘勇、刘荣（第一章），余玲、韦月洲、潘能超、粟千（第二章），陈利、朱广、樊庭平、狄勇婧、付华亮（第三章），刘浩（第四章），刘利民（第五章），王晓莹（第六章第一节），刘利民（第六章第二节）

在撰写过程中，笔者虽然做了很大努力，但由于水平有限，书中难免存在不足之处，真诚希望有关专家、同行批评指正！

桂林电子科技大学应用技术类高等教育教学研究课题组

2018 年 8 月

目　录

基 础 篇

实 践 篇

基础篇

第一章 研究背景

第一节 应用技术教育及其发展状况

一、应用技术教育概述

1. 应用技术教育的内涵

应用技术教育是介于研究型高等教育和职业高等教育之间的一种教育类型，它既强调培养学生较强的理论基础和创新创意能力，又强化培养学生分析问题、解决问题的实际能力，更为突出地体现了培养目标与社会行业需求的直接对接，重视人才的社会适应性和职业践行能力，是培养在工程设计基础上能够将设计思想通过图纸实现施工过程并转化成实际成果的实践型人才。

西方工业发达国家在应用技术人才培养方面已经积累了上百年的发展经验，建立了完善的教育理论、教学模式、课程体系及与培养目标相适应的教学方法和师资队伍。而在我国，随着经济的腾飞式发展和工业水平的快速提升，近些年我国应用技术类教育取得了长足的进步，无论是应用技术类院校的转型发展，还是应用型高等人才的教育理论、培养模式、培养目标、培养方法、培养质量的监控，都在逐步深化与完善，并取得了较丰硕的教育成果和显著的社会效益。

2. 应用技术教育的发展特点

综观国内外应用技术类高等教育的发展历程，应用技术教育的发展具有以下特点：

(1) 由于各国经济发展形成的相互依赖、共生共存、共同发展的状况，体现应用能力、技术性特点突出的应用技术类教育逐步显现出明显的开放性和国际化趋势。

(2) 在信息化时代，各种大数据信息系统和"互联网+"网络平台成为媒介的神经中枢，MOOC等各类线上线下教学手段打破了家庭、社会、学校的界线，将教育连通为一个丰富的网络学习资源与环境。

(3) 现代世界竞争是科学技术发展水平和创新与技术更新速度的竞争，这要求应用技术科学成为主导课程。

(4) 在课程的思政教学手段与德才兼备的人才素质的要求下，新人文精神的体现日益受到重视。自20世纪60年代以来，世界范围内形成了人类生存环境意识、和平与民主以及人伦道德等课程内容，在未来社会，环境科学与环境保护、国际文化交流、新的道德哲学与伦理教育、个性发展与心理健康教育等课程将会开设得更普遍，内容也将更丰富。

3. 应用技术教育评价

教育评价是在一定教育价值观的指导下，按照教育目标，通过采用一定的技术和方法，对所实施的各种教育活动、教育过程和教育结果进行科学判定的过程。纵观教育评价理论与实践的发展历程，一般认为，教育评价大致经历了古代的"传统考试"、近现代的"科学测试"和当代的"科学评价"三个不同时期。教育评价系统的理论和方法的形成则直接来源于 20 世纪初兴起的以追求考查教育效果客观性为目的的教育测验运动。

20 世纪 30 年代以来的现代教育评价主要有以下特点：

(1) 教育评价目标的转变。早期的教育评价主要是为了选拔"适合教育的培养对象"，而现代教育评价的目的则更注重"创造适合学生的教育"，即由重视鉴定转向更加重视改进教与学，以最大限度地形成教育目标。

(2) 评价对象的扩展。早期教育评价对象主要是教学领域，集中在对学生的学习成绩的评定上，以此为基础对教学计划和课程编制的优劣得失做出判断，现代教育评价的对象扩展到了所有教育领域，宏观和微观教育活动的一切方面皆可作为评价对象。

(3) 评价结果形式的革新。早期评价结果的形式多注重数量方面的评价，对系统性和教育理论体系的内在联系评价不足，因此，评价的科学性和全面性无法得到保障。现代教育评价既重视以数量的形式表示评价结果，又重视用语言描述教育规律"本质"的形式表示评价结果，还重视以"量"与"质"相结合的形式全面系统地表示评价结果。

(4) 强调评价对象的参与。早期教育评价把评价对象看作只是被动地接受评价，现代教育评价则把评价对象看作是评价的主体，强调评价对象自我评价的重要性，并引导评价对象参与从指定评价方案到取得评价结果的全过程，强调评价对象对评价结果的认同。

二、国外应用技术教育的发展

国外应用型人才培养的教育教学，较有代表性的是德国、英国、美国、加拿大等国家。在国际上有重大影响的应用技术教育教学模式主要是德国的"双元制"教学模式、英国的"三明治"教学模式和美国与加拿大的"合作教育"教学模式。

1. 德国的"双元制"教学模式

德国是高度发达的工业国家。随着社会的发展，德国越来越认识到科学技术在生产劳动中的重要作用，要使经济发展在国际竞争中处于领先地位，国家必须有足够的具备高素质、高技能、能从事社会生产的技术性人才。然而在当时，德国接受高等教育的人较少，人们对获得更好的专业教育和训练的需求越来越高。20 世纪 60 年代，德国成立了由高级专业的学校(如工程师学校、高级经济专业学校)演变而来、专门培养高级应用型人才的新型高校德国应用科学大学(德文为 Fachhochschule，FH)，并探索出了一套世界闻名的"双元制"教学模式。"FH 是德国高等教育的重要组成部分，是国际公认的高等教育职业化和职业教育高移化的典型范例，是我国应用型本科教育起源与发展的直接借鉴和参照。"

德国的"双元制"历经 200 多年的发展，对保证德国劳动者的高素质、产品的高质量，以及德国国民经济在国际上的持久竞争力发挥了非常重要的作用。所谓"双元制"，就是整个培训过程是在工厂、企业和国家的职业学校(Berufsbildenden Schule，BBS)进行。根据培训场所的不同，培训内容分为三大类：技术类，如机械、电器、汽车等；商业类，如国际贸易、会计、秘书等；服务类，如烹饪、理发等。其中，以企业培训为主，企业实践与职业学校的理论教学密切结合。同时，国家会统一组织行业协会、工会、教师三方代表共同拟定用于职业培养训练的标准和各项阐明具体要求的制度，以充分适应并反映产业现实和发展的需要。在教学组织方式上，"双元制"教学模式采用由企业进行实际操作方面的培训、学校完成相应的理论知识的培养方式，企业与学校双方共同完成对学生的培养工作。

德国的代根多夫和安哈尔特等应用技术类院校在德国高等教育界的职业教育方面成果显著，在专业人才培养目标、课程设置、教学模式和师资队伍的发展与创新关系等方面尤为突出，一般要求学生达到以下三方面目标：能借助科学方法，解决来自生产和生活实际中的具体问题；能完成新的科研与技术开发项目；在应用理论、科研方法的技术性生产中引进、优化和监控新方法、新工艺的使用。课程设置多元化，倡导以未来市场的需求和工业界的发展趋势为导向，按照学生的职业生涯成长规律，打造凸显技术、兼顾管理的课程体系。教学模式有多样化特色，教学由传统授课、项目引领和企业实践的模式构成。"双师型"教师队伍的要求与"双元制"教学紧密配合，教师都具有专业实践背景，教师专业性使得整个教学体系应用性显著，并且在教学过程中始终保持授课内容与实践相结合。

德国的应用型本科院校在专业设置上具有很强的针对性，侧重于社会需要的工程技术专业，坚持以市场需求为导向，面向区域经济建设，面向生产、建设、管理、服务一线设置专业，专业设置具有明显的应用性和地方特色，并根据区域社会经济发展的需要调整专业，以适应地方社会和经济发展的需要，为地方培养复合型、应用型人才。如斯图加特和沃尔斯堡分别是奔驰公司和大众集团所在地，这些地方的应用科技大学就把汽车、工程制造以及电子等专业作为其特色专业。

德国一些应用科学大学拥有具有较强的应用性和实践性的特设专业，如表1-1所示。

表1-1　德国应用科学大学的特设专业

学 校 名 称	特 色 专 业	人 才 培 养
布伦瑞克/沃芬比特尔应用科学大学	车辆工程	汽车行业的工程师
奥登堡/东弗里斯兰/威廉港应用科学大学	航海业和造船业	所在地区航海业和造船业发达
汉诺威应用科学大学	机械系生产技术	与企业合作培养工程师

应用型本科院校的课程体系尤其注重实践性。如图1-1所示，课程体系分为三大块：基础课程、专业基础课程和专业方向课程。基础课程为不分专业、统一开设的理论课，如数学、物理等；专业基础课程则因专业不同而各有侧重；专业方向课程开设专业加深的专门化课程，进行专业深化和拓宽专业面的教学，一般安排在第7、8学期。通常，基础课程和专业基础课程所占总学时的比例超过了80%，专业方向课程占比不到20%。从三大块课程的时间关系来看，整个课程结构呈现出分段进行、步步深入、由宽泛走向专深的动态特征。

```
                            专业课程
                 ┌────────────┼────────────┐
              基础课程 ───→ 专业基础课程  专业方向课程
           ┌─────┴─────┐  ┌─────┴─────┐  ┌─────┴─────┐
        理论课程 社会实践课程 理论课程 社会实践课程 理论课程 社会实践课程
        ┌──┴──┐ ┌──┴──┐ ┌──┴──┐ ┌──┴──┐ ┌──┴──┐ ┌──┴──┐
       讲授  教学  理论  实习  讲授  教学  理论  实习  讲授  教学  理论  实习
       课程  实践  授课  课程  课程  实践  授课  课程  课程  实践  授课  课程
```

图 1-1　德国应用教育的课程体系结构

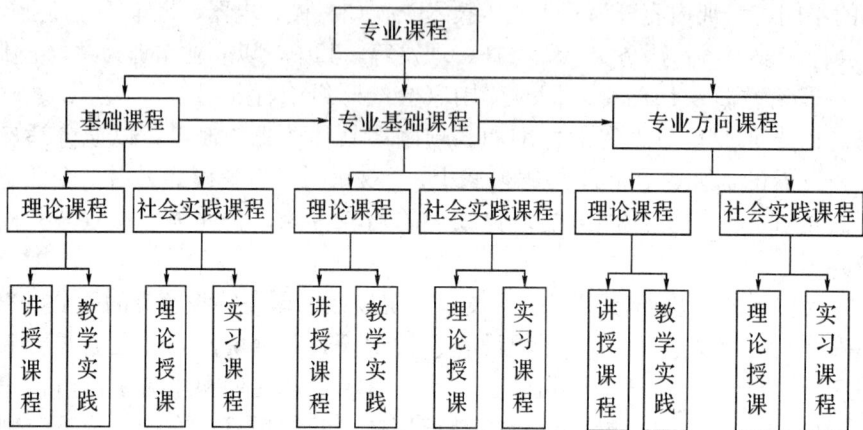

2. 英国的"三明治"教学模式

英国的应用科技院校是英国新大学运动中出现的一批院校。这类高校在人才培养目标上提出为工商业发展服务,在教学内容上重视对技术的教育与应用,为培养学生理论知识与实践能力共同发展,率先提出了"三明治"教学模式。这种教学模式非常重视学生在社会中、企业里进行实践锻炼,将课堂教学与工业训练分段交错进行,即"实践—学习—再实践"的教学模式,这就使课程内容与生产实践紧密联系起来。在专业学习上,英国应用科技院校采用主修与辅修制度,认为这种培养方式拓宽了学生的知识面,可以让文科学生对自然科学有基本了解,让理科学生也能掌握一定的文科知识,这样培养出来的人才在解决实际问题时往往具有更广阔的思维,是比较受社会欢迎的。

英国大学为了让学生在人才市场的竞争中具有更大优势,采取了许多加强大学与工厂企业直接联系的措施,将人才的培养和社会的需要直接挂钩,以适应社会对应用型人才的要求。许多大学为本科生设置了"三明治"模式的教育体制,即开设工、读交替的课程教学计划,实行在校学生到工厂实践的教育体制,并由工厂企业工程技术人员和大学教师合作讲授有关课程,将工厂、企业与学校的教育教学紧密地联系起来,并以生产实践的发展状态需要来更新专业素质的教学内容。

英国应用型本科大学推行"三明治"教学模式的主要有利兹都会大学和布鲁内尔大学等一批学校。利兹都会大学十分注重课程与实践的结合,是英国大学中与当地社区合作最紧密的大学之一,学校卓有成效的教学模式使得学生的就业率高达 90% 左右。利兹都会大学的 4 年本科课程中第三年是在社会(主要在社区)进行实习,给学生提供实践工作的经验,第四年回到学校继续完成学业,这样一来,学生一毕业就可以直接进入工作实战状态。学校会邀请用人单位一起举办活动或竞赛,还会提供更多的机会给学生。

布鲁内尔大学施行几乎所有的本科课程都可以选择带薪实习的"三明治"课程模式。这种"三明治"课程是一种学习与工作相结合的课程。读"厚三明治"课程(Thick Sandwich course)的学生第一、第二年学习,第三年工作实习,第四年又回到学校完成学业,拿学位。英国大学的本科学位一般只需 3 年时间,但是读"厚三明治"课程的学生因为有 1 年的时间在工作,所以是 4 年时间拿学位;也有"薄三明治"课程(Thin Sandwich course),学生一般只实习 6 个月左右的时间。"三明治"课程都是实用性很强的课程，几个月或者 1 年的实习为学生提供了把知识付诸实践的机会，学生可以通过实习获得宝贵的工作经验，在就业市场上更有优势。很多学生几个月或 1 年的实习都能得到相应的报酬，尤其是商学院或者读理工科课程的同学。一般的报酬是年薪 9000 英镑到 18 000 英镑左右。2013 年，布鲁内尔大学 88%的"三明治"教育本科毕业生找到了比较高薪的工作，平均年薪 23 209 英镑。布鲁内尔大学在泰晤士的专业排名中，其工程和科技领域排在英国前十，世界第 93 名。布鲁内尔大学 82%的科研项目被评定为具有国际地位。

3. 美国与加拿大的"合作教育"教学模式

20 世纪 50 年代末，前苏联第一颗人造卫星的成功发射，既激发了强国之间的科技竞争，又引发了大规模的教育改革运动，其中以美国的教育改革尤为引人注目。经历了半个多世纪后，当代美国教育发展的脉络是美国历史上没有出现过的，其呈现出改革周期快速转换、改革内容巨大变化的特点。改革方案及其实施策略往往平行进发且在某些方面又相互矛盾的态势，推动了美国教育的科学化和人本化进程。而且，美国的教育发展直接影响了邻国加拿大的教育发展。考察与分析当代美国、加拿大教育改革的发展与变化的规律与特点，将会对我国现代应用技术教育改革和发展有重要的启示作用。

美国、加拿大的"合作教育"(Cooperative Education，Co-op)模式已有 100 多年的历史，起源于 1906 年美国人将英国开创的"三明治"教育模式本土化，并称其为"合作教育"。世界合作教育协会为"合作教育"下的定义是：将课堂的学习与真实的工作结合起来。在"合作教育"模式下，学生为真实的用人机构效力，而且通常能获取报酬，然后将工作中遇到的挑战和增长的见识带回课堂，帮助他们对所学知识进行分析和思考。世界合作教育协会(World Association for Cooperative Education，WACE)是 20 世纪 80 年代成立的，前些年 WACE 提出将"合作教育"改成"与工作相结合的学习"(Work Integrated Learning，WIL)，这是近年来世界"合作教育"发展的一个新的趋势，把 Cooperative Education 改成 Work Integrated Learning 是因为"合作教育"的概念有些模糊，而它的基本特征就是使学习与工作相结合，因此 WIL 一词含义更加简单清晰。美国 3000 多所高校中有 1/3 实施这种模式，实施规模最大的是波士顿的东北大学，那里是世界合作教育协会秘书处所在地。加拿大几乎所有的高校都实施这种模式，实施面最广的是滑铁卢大学，它也是目前世界上"合作教育"规模最大的学校，有 1 万名左右的学生参与"合作教育"。

美国东北大学的教育优势项目是实习项目 Co-op，这个项目与很多企业有合作关系，学生有机会在波士顿当地找到很多实习工作，积累实习经验。学校以合作课程(Co-op Program)最为突出。作为世界上最成功的"合作教育"项目，Co-op 带薪实习项目已经在该校开展了 100 多年，并且它还将在未来的 100 年中继续帮助学生做好准备迎接世界的挑战。Co-op 与课堂教学相结合，使学生在毕业之前就提前涉足社会。学生可以用为期最长18 个月的专业相关实习代替普通的课堂教学，可以从全球超过 2000 家公司中选择实习地点。学校将课堂学习与现实生活联系起来，以带薪实习项目(Co-op)让学生到相关的工作环境中锻炼，将所学知识应用于实际。Co-op 项目是全世界最大、最具创造性的工读项目之一，在美国院校中有口皆碑，名列前茅。

加拿大的滑铁卢大学最为人称道的成就是：它创立的 Co-op 课程让计算机系学生在学习的同时有机会在 IBM、Nortel、Bell 等著名公司获得工作经验，该做法已经为美国和加拿大的大学竞相效仿。Co-op 课程让学生实际参与到合作项目中，成绩由用人方给出，全程由校方监督，在全部 Co-op 课程时间中，学生有至少 30%甚至 50%的时间用于学术研究。在微软公司优先录取毕业生的 8 所美国大学和 5 所加拿大大学中，该校名列榜首。学校开展的许多科研项目都是用人方和学校共同合作，定向培养。这里是全北美最大的建教合作基地，能提供全年或 8 个月的建教合作服务。同样的，这些项目的重点在于将理论转化为实际生产力。学校还向学生提供各种跨学科的教育项目，例如数学与管理的联合学士学位、生物科技与经济学联合学士学位等。

三、国内应用技术类高等教育的发展

中国的高等教育经历了一个漫长的发展过程。从 1912 年蔡元培先生亲手制定"仿德国制""仿德国大学制"的《大学令》，到 1917 年蔡元培的高等教育理念"学术自由和教授治校"部分地在北京大学付诸实施，再到 1927 年至 1949 年的 22 年间融合美国和欧洲各国特点的进程中，以美国模式为基本走向是中国高等教育发展模式的主旋律，直至中华人民共和国成立后，中国高等教育的发展进入了以苏联为榜样的新时期，完成了对建国前的高等教育体制和格局的改造，新的以苏联为模式的高等教育体制形成并确立。1978 年的十一届三中全会后，随着改革开放基本国策的确立，中国的高等教育重新博采各国之长走向世界。进入 20 世纪 90 年代，中国政府陆续制定颁布了《中华人民共和国高等教育法》《面向 21 世纪教育振兴行动计划》《中共中央国务院关于深化教育改革全面推进素质教育的决定》等一系列政策法规，并借鉴世界各国高等教育发展的经验，加快中国高等教育改革的步伐，明确提出"为了实现现代化，我国要有若干所具有世界一流水平的大学。这样的大学，应该是培养和造就高素质创造型人才的摇篮，应该是认识未知世界、探求客观真理、为人类解决重大课题提供科学依据的前沿，应该是知识创新、推动科学技术成果向现实生产力转化的重要力量，应该是民族优秀文化与世界先进文明成果交流借鉴的桥梁"。

探索一条适合中国国情而又广泛吸收各国之长的高等教育的发展道路，是中国高等教育走向世界的必由之路。中国的高等教育是一个在继承传统的同时不断吸收外来经验的变化发展过程。

1961 年，《中华人民共和国教育部直属高等学校暂行工作条例(草案)》(简称《高教六十条》)颁布，对高等学校的培养目标作了前所未有的详细规定。1998 年 8 月，全国人大制定并颁布的《中华人民共和国高等教育法》规定，"高等教育的任务是培养具有创新精神和实践能力的高级专门人才，发展科学技术文化，促进社会主义现代化建设……高等学校应当面向社会，依法自主办学，实行民主管理"，突出强调了培养高级专门人才和办学自主权。这是中华人民共和国成立 50 年来制定颁布的第一部高等教育法，它全面肯定了改革开放以来我国在高等教育办学理念、培养目标、管理体制等方面所达成的共识。与此同时，随着经济的发展和人民群众接受高等教育需求的不断高涨，西方发达国家高等教育大众化的理念为人们所接受，并转化为政府的教育政策。中国近代高等教育在经历了整整一个世纪的曲折之后，终于有了明确的、与世界高等教育发展同步的理念、目标与方向，尤其在借鉴欧美国家对应用技术类人才培养方面取得了长足的进步。

目前，在"中国制造2025""互联网+""大众创业万众创新"等中国国家重大战略的提出和我国经济发展正处在产业转型升级期的背景下，推动高校应用型和创新型人才培养显得尤为紧迫。高等教育迫切需要解决现有人才培养过程的同质化倾向，解决人才培养过程中与经济结构调整和产业升级不相适应的结构性矛盾。随着现代经济社会发展和教育理论的不断更新完善，应用技术类院校如何结合自身优势和特色，在人才培养过程中找准着力点、转变思路并深化教育教学改革、培养出适应现代社会变革和国家发展需要的应用技术人才是关键。

1. 党的"十九大"报告中"优先发展教育事业"的国策

2017年10月18日至10月24日，在北京召开的中国共产党第十九次全国代表大会(简称党的"十九大")对教育事业进行了多方面的简述，提出了"优先发展教育事业"的国策。在教育公平、平衡发展，以及教育优先发展方面都有明确的表述："教育事业全面发展，中西部和农村教育明显加强。就业状况持续改善，城镇新增就业年均一千三百万人以上"；"民生领域还有不少短板，脱贫攻坚任务艰巨，城乡区域发展和收入分配差距依然较大，群众在就业、教育等方面面临不少难题；社会文明水平尚需提高；社会矛盾和问题交织叠加……"；"十八大以来，国内外形势变化和我国各项事业发展都给我们提出了一个重大的时代课题……要根据新的实践对……、教育、……等各方面作出理论分析和政策指导，以利于更好坚持和发展中国特色社会主义"；"优先发展教育事业。建设教育强国是中华民族伟大复兴的基础工程，必须把教育事业放在优先位置，加快教育现代化，办好人民满意的教育。要全面贯彻党的教育方针，落实立德树人根本任务，发展素质教育，推进教育公平，培养德智体美全面发展的社会主义建设者和接班人。推动城乡义务教育一体化发展，高度重视农村义务教育，办好学前教育、特殊教育和网络教育，普及高中阶段教育，努力让每个孩子都能享有公平而有质量的教育。完善职业教育和培训体系，深化产教融合、校企合作。加快一流大学和一流学科建设，实现高等教育内涵式发展。健全学生资助制度，使绝大多数城乡新增劳动力接受高中阶段教育、更多接受高等教育。支持和规范社会力量兴办教育。加强师德师风建设，培养高素质教师队伍，倡导全社会尊师重教。办好继续教育，加快建设学习型社会，大力提高国民素质。"

2. 国家提出建立现代职业教育体系的教育战略

早在2014年6月，习近平在全国职教会议上的讲话中就指出建立现代教育体系已成为国家教育战略。"职业教育是国民教育体系和人力资源开发的重要组成部分，是广大青年通往成功成才大门的重要途径，肩负着培养多样化人才、传承技术技能、促进就业创业的重要职责，必须高度重视、加快发展。要树立正确的人才观，培育和践行社会主义核心价值观，着力提高人才培养质量，弘扬劳动光荣、技能宝贵、创造伟大的时代风尚，营造人人皆可成才、人人尽展其才的良好环境，努力培养数以亿计的高素质劳动者和技术技能人才。要牢牢把握服务发展、促进就业的办学方向，深化体制机制改革，创新各层次各类型职业教育模式，坚持产教融合、校企合作，坚持工学结合、知行合一，引导社会各界特别是行业企业积极支持职业教育，努力建设中国特色职业教育体系。要加大对农村地区、民族地区、贫困地区职业教育支持力度，努力让每个人都有人生出彩的机会。要求各级党委和政府要把加快发展现代职业教育摆在更加突出的位置，更好地支持和帮助职业教育发展，为实现'两个一百年'奋斗目标和中华民族伟大复兴的中国梦提供坚实的人才保障。"习近平总书记就加快职业教育发展作出重要指示，这是改革开放以来党的总书记首次对职业教育工作作出重要指示，体现了中央领导集体对教育工作的高度重视和亲切关怀，这一重要论断从国家战略的高度，提出了现阶段我国职业教育的发展方向、目标、任务以及实现途径，指明了我国职业教育改革发展的道路。

3. 国内高校应用技术教育的发展

1) 发展的原因

国内应用技术人才培养不仅是社会经济发展的动力，也有高等教育自身发展的内在要求，其中主要因素是我国社会经济发展对人才资源的迫切需要和我国产业结构战略性调整对高等教育提出的新要求，以及区域经济发展对高等应用技术教育的需要。

第一，应用技术院校是我国社会经济发展的产物。经济的快速增长是应用技术类院校产生的根本动因。我国经济发展迫切需要知识与技能兼备的高层次技术应用型人才，特别是 21 世纪，我国高新技术的发展更需要高等教育提供智力支持，人们接受高等教育的愿望也在不断增强，高等教育实现了从"精英教育"到"大众化教育"的转变。在这种背景下，应用型本科教育被作为一个教育形势提出来，并很快被付诸实践。应用型教育在实践探索方面取得一定成绩，但在人才培养的过程中也存在着不少问题。

第二，我国产业结构战略性调整对高等教育提出了新要求。产业结构与教育结构存在相互影响的关系，即特定的产业结构要与相应的教育结构相适应，产业结构制约教育结构。教育部针对我国现阶段经济和教育发展的现状，借鉴欧洲大学的经验部署和推进的新型教育形式，将发展应用技术院校作为转方式、调结构的战略举措。2014 年 2 月，李克强总理主持召开国务院常务会议，部署加快发展现代职业教育。但是国家仅提出了应用技术院校建设的政策框架，建设的主体则在高校，即该项工作的开展主要依靠高校的探索和创新，取决于高校能否明确建设观念，能否进行准确的定位，以及能否采取科学的建设路径。

第三，区域经济发展需要高等应用技术教育的支持。20 世纪 90 年代后，在我国经济体制改革逐渐深入、区域经济规模日益扩大的形势下，区域经济要发展，需要提高层次和效益，必须依靠高等教育提供的合格且数量充足的应用技术人力资源。2000 年教育部工作要点指出：要加强地方对普通教育、职业教育、成人教育的统筹，赋予地方各级人民政府在统筹当地教育资源、规划教育发展以及进行教育改革等方面更大的权限，促进教育与当地经济社会发展的结合。在这一政策的支持下，大力发展本地高等教育，就成为了地方政府解决人力资源和知识资源匮乏问题的重要决策。因此，我国部分应用技术院校就是适应了区域社会经济快速发展这一背景而存在和发展的。

2) 部分院校人才培养情况

有关专家将人才分为学术型人才、工程型人才、技术型人才和技能型人才等四类。其中，学术型人才主要从事研究和发现客观规律的工作；工程型人才主要从事与为社会谋取直接利益有关的规划、决策、设计等工作；技术型人才和技能型人才是在生产一线从事为社会谋取直接利益的工作，使工程型人才的规划、决策、设计等变换成物质形态。技术型人才与技能型人才的区别在于前者主要应用智力技能来进行工作，而后者主要依赖操作技能来完成任务。本书以应用技术类院校人才培养教学质量工程保障问题为重点，来阐述研究内容。

有文献对我国多所本科应用型院校人才培养进行调查。该调查选取上海师范大学、上海应用技术学院、上海电机学院、长春大学、中国计量学院、湖北汽车工业学院、重庆科技学院、宿迁学院、安徽建筑大学、淮南师范学院、湖南科技学院、铜陵学院、昆明学院、东莞理工学院、九江学院、南京工程学院、山东交通学院、宁波大学、丽水学院、哈尔滨学院、黑龙江工程学院、牡丹江医学院、黑龙江科技学院、黑龙江东方学院、淮阴工学院、北京农学院、北京石油化工学院、北京联合大学、北京第二外国语学院、石家庄学院 30 所地方本科院校的应用型人才培养进行了分析，提出了地方本科院校应用型人才培养特色范式，形成特色的培养路线，发现其共性的形成路线，如图 1-2 所示。

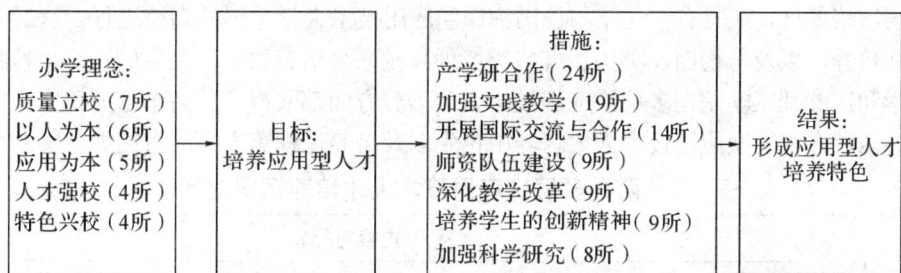

| 办学理念：
质量立校（7所）
以人为本（6所）
应用为本（5所）
人才强校（4所）
特色兴校（4所） | → | 目标：
培养应用型人才 | → | 措施：
产学研合作（24所）
加强实践教学（19所）
开展国际交流与合作（14所）
师资队伍建设（9所）
深化教学改革（9所）
培养学生的创新精神（9所）
加强科学研究（8所） | → | 结果：
形成应用型人才
培养特色 |

图 1-2　应用型人才培养特色形成路线

30 所地方本科院校在形成应用型人才培养特色过程中，人才培养的内容主要有四方面：办学理念、发展目标、发展措施、发展结果，与图 1-2 对应的详情如表 1-2 所示。

表 1-2　调查的 30 所地方院校的人才培养内容

序号	办学理念		发展目标		发展措施		发展结果		目标
	内容	学校数	内容	学校数	内容	学校数	内容	学校数	内容
1	质量立校	7	"高级"含义	20	产学研合作	24	成为应用型人才培养基地	23	应用型人才培养
2	以人为本	6	创新和实践能力	13	校企合作		形成应用型人才培养特色		
3	应用为本	5	"基层"含义	6	开展实践教学	19	提高应用型人才培养质量		
4	人才强校	4					毕业生高就业率	12	
5	特色兴校	4							

表 1-2 的发展目标中,"高级"含义的目标是指培养高素质应用型人才、高层次应用型人才、高质量应用型人才等;创新和实践能力的目标是指"培养具有创新精神和实践能力的应用型人才";"基层"含义的目标是指培养生产、建设、管理、服务一线需要的应用型人才。与此同时,一些地方本科院校由于服务面向的不同,其应用型人才的领域也有不同。发展措施方面,地方本科院校在加强实践教学的同时,开展了符合学校实际的"产学研合作"或"校企合作"。比如,上海师范大学与徐汇区和奉贤区构建了紧密的三区联动模式,宿迁学院构建了省市共建、八校联建的办学模式,北京第二外国语学院形成了学用结合、注重实践的育人模式。再比如,湖南科技学院、宁波大学以科技创新平台推进学研产结合,上海电机学院与许多企业建立了产学研合作关系,中国计量学院与地方政府和行业企业等建立了政产学研合作,石家庄学院、淮阴工学院、黑龙江工程学院、黑龙江东方学院、北京联合大学等开展了产学研合作,东莞理工学院、重庆科技学院等开展了校企合作,等等。

3) 部分院校多层次办学情况

桂林电子科技大学海洋信息工程学院自 2013 年以来,施行多层次应用技术人才培养的教育教学探索,经过不断研究实践,形成了"高升本""专升本"和"中职升本"多生源起点的贯通衔接的多层次人才培养的教育教学模式体系。而江苏理工学院除了具有以上三类生源起点的多层次培养外,还具有十几年与德国梅泽堡应用技术大学等国外高校进行"2+2""3+1"跨国人才培养,以及与德国、英国、挪威等境外高校联合培养硕士研究生的经验。桂林电子科技大学和江苏理工学院在多层次应用技术人才培养方面都取得了较为丰富的研究成果与实践经验,两校在多层次应用技术人才培养中招生以及培养过程等方面的对比如表 1-3 所示。

表 1-3 两校多层次应用技术人才培养情况对比

学生层次	特点(内容对比)	
	桂林电子科技大学	江苏理工学院
高升本	参加全国分块考试	参加全省统一考试
专升本	采用推荐的方式进行,与考试辅助进行,学生入学相对容易,虽然是从高职生中选取的尖子生,但是招收的比例较大,入学的比例也较大	全省分专业统一出题,笔试英语、数学和专业综合考试;先按自愿填报学校及专业,然后考试。招生数量很少,入学率低。相当于从高职中选取的比例较小的尖子生
中职 3 + 4	无	由中职院校和应用本科高校合作办学;中职学校的专业培养计划由高校制定,并按高校的要求进行授课;部分核心课程的考试由高校进行监考,考试通过计入学分;基础课程在中职 3 年里学习,专业课程和核心实践环节在大学 4 年里完成 该类型相当于 7 年一贯制对口招生对口培养,学生培养的质量较好,人才培养方向全由高校把握 不足之处:培养的周期太长,培养成本大,效率低

续表

学生层次	特点(内容对比)	
	桂林电子科技大学	江苏理工学院
中职升本	1. 参加广西区分块考试； 2. 考试分笔试和面试； 3. 笔试内容涉及语数外和专业综合考试，较为简单，学生招收层次低； 4. 采用生源学院推荐后，参加全地区统一考试，再根据分数填报志愿； 5. 面试环节由目标院校把握 升学难度较小，学生求学意识不强；基础知识不扎实，专业实践能力较弱，解决问题能力一般	1. 参加全省统一出题统一考试； 2. 考试题目及严格程度类似于普通高考； 3. 考试只有笔试； 4. 笔试内容涉及语数外和专业综合考试，专业考试涉及多门课程； 5. 报考方式与高考相似，先考试，后根据分数填报志愿 升学难度较大，学生求学意识浓厚；基础知识较扎实，专业实践能力一般，解决问题能力较好

4) "中升专""中职升本"类型的应用技术教育

根据国家教育部和广西教育厅的要求，桂林电子科技大学具有进行对口中职升大专和应用本科培养资格。学校从提高人格素养和专业基本技能及高端技术两方面出发，突出强调应用技术培养过程中理论知识的融入，理论学习和实验实训贯穿整个培养环节。根据市场的需求，在制订人才培养方案时充分考虑生源起点的知识能力素养情况，制订适合"中升专""中职升本"学生层次，体现中职到大专及本科过渡过程科学贯通的培养特点；结合人才培养主体目标的实际情况，以及中职毕业生实践能力强、专业理论基础薄弱的基本特点，制订独立的具有针对性的各专业的培养方案。学校形成新型具有工程专业良好素养的"中升专"及"中职升本"层次学生的定向式培养模式，实现了人才培养模式精准构建。形成了理论与实践相结合、适应现代工业与行业需求的多层次应用技术技能人才的培养特色，在适应职业教育新形势的情况下，在构建人才培养模式的选择方面，突出"中升专"及"中职升本"培养类型的强技能、重应用、重理论知识的融会贯通，通过基本素质技能和高端技能的培养，实现最终的培养目标，形成定向式培养模式。为了实现中职起点生源科学合理的贯通培养，探索形成了四个素质层次及相应的课程体系，如表 1-4 所示。

按照多层次培养目标类型及层次体系，组织制订理论与实践集成和课程群内容集成，组织特色教材的编写，依据不同层次类型学生培养的特点编制不同的教学文件(培养方案、教学大纲、教课计划、考核方式等)，并在实践探索应用中完善。加强技能培养方面从四个层面强化能力培养：通过人格素养、专业知识、基础技能和高端技能等的培养，构建专业认知—基础实验—综合实验—综合设计—实习实训—创新创业工程素质及实践能力培养，形成大学四年实践教学环节融合不断线、实践与理论无脱节的全面综合能力的培养过程，在教育教学实践中构建学业、产业、就业、创业相互贯通的人才培养办法。

表 1-4 四个素质层次培养及相应课程体系设计

序号	层次名称	课程设计内容
一	人格素养	培养学生成为德智体全面发展的社会主义事业的建设者和接班人； 培养学生的工程素养(学校正在研制具体的培养细节)； 培养学生的人文素养(在校园文化的基础上引入企业文化)。
二	专业素养	专业基础类课程内容的集成： 1. 课程内容理论和实践的集成； 2. 高等教育本身所需要的基础课程集成；如对数学、英语等课程进行集成，原则是数学、英语课程贵在精，够用即可； 3. 专业基础课程集成；做好教材规划的学科、内容、进度、时间安排等相关工作，并组织实施。
三	基本技能	与中职课程全面衔接，打通中职、本科课程，强化与专业基础类课程及课程群相关的实习实践技术能力的培养，并融入企业课程。
四	高端技术	融入企业课程。高级技能核心问题为：形成从工程设计到转化成产品的实现整个过程掌握能力的人才。(工程设计能力→转化产品的技能→实现产品的技能；设计→工艺→操作→产品)

　　"中职升本"培养模式在我国其他一些省份也有存在，例如江苏、山东、天津等。山东和天津的该类型培养模式较为相似，现在以山东为例作简单说明。山东省的"中职升本"采取在中职学校中对部分中职专业允许他们考大学(本科或高职、高专)，这种大学以高职、高专为主，本科较少，招生量也较少，所以能升学的学生属于综合知识能力水平都较好的"精英"。在中专学校中，这种能升学的专业通常会被集中起来成立一个级部，也有部分中职中的全部专业都可报考，这种学校就直接叫职业高中，简称"职高"。

4. 桂林电子科技大学在应用技术教育方面的探索

　　桂林电子科技大学北海校区(以下简称"我校")应用技术型人才培养教学改革方案以适应经济新常态和技术技能人才成长成才为要求，以服务国家战略为旨归，在培养目标、发展策略、育人体系、实施方式等方面做到三方面。一是培养目标注重立德树人全面发展。我校提高对学生可持续发展和就业创业综合能力的要求，以及加强综合素养、能力等要素的培养，将职业素养与职业技能高度融合。二是战略策略注重内涵质量。我校科学合理地设计适应相关的新技术、新业态发展的专业内发展的内容，专业建设上加强产教深度融合，专业教学更加贴近技术进步，深层次发挥企业在人才培养过程中的作用。三是实施体系注重系统推进。我校全面制定课程标准、专业教学标准，引入企业岗位规范，开发校本教材，建设质量监控体系，完善各类管理制度等，从标准、制度、机制的层面推动常规性的教学管理和建设向规范化方向发展。

　　教学环境设计和教学实施过程促进信息技术与教育教学深度融合，不是把技术作为教学的辅助手段，而是要把教育技术融入整个教学设计中，着力推动教与学方式的深刻变革，将教师"教"的行为、学生"学"的行为和教育技术融为一体，构建以学生为中心的课堂，使教育技术成为人才培养模式变革的技术保障和驱动力量。至此形成与智慧教育相一致的创新思路：创设"互联网＋学堂"的智慧校园与"互联网+学习"的教学模式、创设"反哺教学"平台；打造"微格实训基地"和"校园微企实训基地"的创新思路；校区人才培养模式整体顶层设计，示范专业建设加以推动；注重人文教育和职业素养教育相融合的教育实践。

第二节 教学监控与质量评价体系的重要性

一、国家质量报告提出的保障教育质量的问题

2016 年《中国高等教育质量报告》是中国也是世界上首次发布的高等教育质量的"国家报告"。《中国高等教育质量报告》应国家"发展高质量、更加公平的教育"战略部署的要求，以及"全面提高质量"的战略主题的要求，满足了社会各界和公众对中国高等教育质量的热切愿望，呼应了"十三五"阶段高等教育"提高、争创、优化、转型"四大主要任务，即提高教学水平和创新能力、争创世界一流大学和一流学科、优化学科专业格局和人才培养机制、支持具备条件的普通本科高校向应用型高校转变的新任务新要求。

《中国高等教育质量报告》在国内评估和国际认证的成功实践基础上，以社会需求适应度、培养目标达成度、办学条件支撑度、质量保障有效度、学生和用户满意度等"五个度"的质量标准维度，全方位展现中国高等教育整体质量状况。还有工程教育质量的"三个面向"(面向工业界、面向世界、面向未来)，或者新建院校"三基本(办学条件基本达标、办学管理基本规范、办学质量基本得到保障)、两突出(突出办学定位的地方性、突出人才培养的应用性)"，都基于中国高等教育实际，借鉴国际教育质量评价先进经验，建立了自己的一整套具有"中国特色、世界水平"的质量新标准、新体系。全面、客观、全方位展示中国高等教育的自信与自省。在展现中国高等教育自信的同时，同样直面中国高等教育存在的问题，展示中国冷静的教育自省，力图为今后由中国高等教育提高质量、精准发力提供重要依据。

从国家质量报告中也可以看出，教育事业全面发展，中西部和农村教育明显加强。就业状况持续改善，城镇新增就业年均 1300 万人以上。然而，高等教育也存在许多不足，也面临着困难和挑战。

实践证明，劳动者的整体素质和创新创业能力不高，已经成为制约我国经济发展和增强国际竞争力的瓶颈。国家经济和社会发展既需要大批从事科学研究、工程设计的研究型人才，也需要培养大批能够活跃在生产一线，从事制造、施工等技术应用工作的专门技术技能人才。否则，即使有一流的产品设计和最好的研究成果，也难以创造出一流产品。高等职业教育正是为满足这种需要发展起来的。因此，其培养出的高级技术应用型人才，既不同于普通高等工科教育培养的理论型、设计型人才，也不同于中等职业教育培养的技能型人才，在人才培养规格和培养过程中，教学监控与质量评价体系也应有其特点。

二、一定规格的人才培养需要相应评价体系的保障

教育教学需要实现满足社会和个人发展的教育目的，而学校的教育目的是由国家或行政部门制定的，把受教育者培养成为符合一定的社会所需要的人的总体要求，规定人才培养的质量标准和要求。广义上的教育目的是指对受教育者的期望，即期望通过教育使受教育者在身心发展等方面获得提升和完善发展。教育目的是教育要达到的预期目标，反映教育在人的培养规格标准、努力方向和社会倾向性等方面的要求。狭义的教育目的特指一定社会、国家或地区为所属各级各类教育人才培养所确立的总体目标。由此，我们可以看出教育目的和培养目标是两个不同的概念。培养目标是指各级各类学校培养人的具体要求，有时培养目标也表述为教育目标，它包括三个部分，即培养受教育者的总目标、各级各类学校各专业的具体培养要求、教育事业发展的目标。任何学校在实现一定人才规格的培养过程中，都离不开相应的教育教学监控与质量评价体系的保障。

1. 人才培养规格的含义

人才培养规格是学校对所培养出的人才质量标准的规定，指受教育者应达到的综合素质。人才规格是培养目标及培养定位的具体化，是组织教学过程的客观依据，也是学校教学与各项管理工作的立足点和重要依据。高等学校人才培养规格是高等学校各专业培养目标的细化，是学校对毕业生培养质量要求的规范，是学校制订教学计划和课程教学大纲，组织教学、检查和评估教育质量的依据，它解决了各专业人才培养的方向问题。各专业人才培养规格就是按照国家政策和人才市场导向制定符合各专业教育培养目标的综合素质要求，是对各专业人才培养的方向和所要达到的目标的概括性描述和经过规定年限的学习、各专业人才在知识、能力方面要达到的基本要求。

专业人才培养规格是学校对该专业毕业生培养质量的具体要求，是该专业人才培养目标的细化。潘懋元先生认为，"教育质量标准可以分为两个层次：一是一般的基本质量要求；二是具体的人才合格标准。"一般认为有两层含义：第一层次指国家对专业人才培养规格的统一性要求；第二层次指高等学校适应社会对人才规格的多样性需要而设计的各种人才培养规格。因此，人才培养规格有两个特性，即统一性和多样性。

国家对人才培养规格的统一性要求一般包括三点：

(1) 热爱社会主义祖国，拥护中国共产党领导，掌握马列主义、毛泽东思想和邓小平理论的基本原理；愿为社会主义现代化建设服务，为人民服务，有为国家富强、民族昌盛而奋斗的志向和责任感；具有敬业爱岗、艰苦奋斗、热爱劳动、遵纪守法、团结合作的品质；具有良好的思想品德、社会公德和职业道德。

(2) 具有一定的人文社会科学和自然科学基本理论知识，掌握本专业的基础知识、基本理论、基本技能，具有独立获得知识、提出问题、分析问题和解决问题的基本能力及开拓创新的精神，具有一定的从事本专业业务工作的能力和适应相邻专业业务工作的基本能力和素质。

(3) 具有一定的体育和军事基本知识，掌握科学锻炼身体的基本技能，养成良好的体育锻炼和卫生习惯，受到必要的军事训练，达到国家规定的大学生体育和军事训练合格标准，具备健全的心理和健康的体魄，能够履行建设祖国和保卫祖国的神圣义务。人才

培养规格的多样性主要由三方面决定：社会需求的多样性；区域经济的特殊性；办学条件的差异性。

人才培养模式与人才培养规格有密切的关系。人才培养模式中含有人才培养规格的具体要求，反之，人才培养规格是人才培养模式的一项具体内容。"人才培养模式"是指在一定的现代教育理论、教育思想指导下，按照特定的培养目标和人才规格，以相对稳定的教学内容和课程体系，管理制度和评估方式，实施人才教育的过程的总和。它具体可包括四层含义：

(1) 培养目标和规格；

(2) 为实现一定的培养目标和规格的整个教育过程；

(3) 为实现这一过程的一整套管理和评估制度；

(4) 与之相匹配的科学的教学方式、方法和手段。

如果以简化的公式表示，即：目标＋过程与方式(教学内容和课程体系＋管理制度和评估方式＋教学方式和方法)。

2. 人才培养的质量标准与培养规格密不可分

质量标准是国家对高等教育人才培养质量的最低要求。它有两个层面：学历学位标准和学科专业标准。前者与后者是上、下位关系。质量标准是审核评估的重要依据。学历学位标准是由不同"层次"(纵向维度)和"类型"(横向维度)所构成的质量标准体系。纵向维度包括学士、硕士和博士三个层次；横向维度包括一级和二级维度。其中，一级维度包括各学科门类，二级维度包括人才培养类型(如学术型、应用型等)。我国现有的学位标准过于宏观，且横向分类不够具体。学科专业标准是以《学位授予和人才培养学科目录》和《普通高等学校本科专业目录》为依据形成的相应学科(对于研究生)和专业(对于本科生)的质量标准。该质量标准按不同学科专业和人才培养类型也形成了一个标准体系，该标准体系是学历学位标准体系在学科专业层面上的具体化。我国目前的学科专业标准尚不完善。

学校层面要根据国家层面的人才培养质量标准，制定人才培养标准。学校的培养标准应符合学校的培养目标。培养目标是学校人才培养的行动纲领，培养标准是学校人才培养的行动准则。培养目标的达成需要用培养标准来衡量，满足培养标准就意味着能够达到培养目标。培养标准包括专业毕业要求(或与此相当的质量标准)和课程(包括各主要教学环节)教学要求(或与此相当的质量标准)两个层面。学校应根据培养目标制定相应专业的毕业要求，再根据专业毕业要求制定相应的课程教学要求，由此形成学校本科培养的标准体系。

第三节　现代社会对教学监控与质量评价体系的新要求

教育教学质量是高等学校生存和发展必须面对的永恒命题。稳定和提高教育教学质量，真正将教学监控与质量评价工作放在学校各项工作的中心地位，是高等教育教学管理和改革的重要课题。良好的教学质量必须与时俱进，适应社会经济的发展，以严格科学的教育内涵、完善的教学体系，以及合理的制度措施等教学管理规范来保障，而严格科学的教学管理规范则必须有一套行之有效的教学监控与质量评价体系来实施。

传统的教学监控与质量评价体系与管理机制，主要由教务处和各教学学院、教研室的负责人承担；监控的内容主要是教师课堂理论教学与校内的实验实践教学；采取的方式主要是日常教学过程中的教学工作检查、听课、学生请教，以及阶段性考试等。

一、国家质量报告指出"中国高等教育质量短板和软肋"

《2016 年中国教育质量报告》提出：与世界高等教育强国相比，中国高等教育问题依然不少，主要表现为"四不够、一不高"。

"四不够"的问题为：其一，学科专业设置优化不够，科研水平和成果转化率不高，"短板"问题依然严重；其二，创新人才培养力度不够，高校创新创业教育仍是"软肋"；其三，高水平教师和创新团队不够，教学经费和实践资源不足，实现由量到质的新跨越仍是突出问题；其四，质量意识和质量文化不够，绩效评价不力，不少高校"等、靠、要"思想还相当严重，对教师评价"重科研、轻教学"。"一不高"的问题有：就业与所学专业相关性不高，不同类型院校学生对学习过程的体验和就业状况满意度存在不平衡现象，"级差"现象明显。

在现阶段，中国高等教育教学面临的一些问题仍然很严重，除了有针对性地解决"四不够、一不高"以外，在完成教学内涵相关内容、实现整个教育教学目标过程中，建立科学的教育教学监控与质量评价体系、合理有效的制度措施与行之有效的完善管理，都是高水平教育教学质量的必要保证。

二、教育部针对全面提高高等教育质量提出质量建设新要求

《教育部关于全面提高高等教育质量的若干意见》(教高〔2012〕4 号)(以下简称《若干意见》)中提出："为深入贯彻落实胡锦涛总书记在"庆祝清华大学建校 100 周年大会"上的重要讲话精神和《国家中长期教育改革和发展规划纲要(2010—2020 年)》，大力提升人才培养水平、增强科学研究能力、服务经济社会发展、推进文化传承创新，全面提高高等教育质量"，提出以下与教育质量有直接关系的意见：① 完善人才培养质量标准体系；② 健全教育质量评估制度。《若干意见》中提出现代高等教育教学必须坚持内涵式发展、促进高校办出特色、完善人才培养质量标准体系、优化学科专业和人才培养结构、强化实践育人环节、加强和改进思想政治教育、健全教育质量评估制度、增强高校社会服务能力、完善中国特色现代大学制度、推进试点学院改革、建设优质教育资源共享体系、加强省级政府统筹、加强师德师风建设、提高教师业务水平和教学能力、加强高校基础条件建设。现代高等教育教学的发展必须要有与之相适应的完善的人才培养质量标准体系和健全的教育质量评价体系及相应的保障制度，全面系统地整体推进高等教育质量工程软硬件平台建设，才能更好地保证和提升当今高等教育适应社会进步需要和国际化的需要。

2017 年 12 月 1 日，教育部职业教育与成人教育司党支部书记、司长王继平的《奋力办好新时代职业教育和继续教育》中指出"以习近平新时代中国特色社会主义思想为指导，全面推进职业教育和继续教育改革发展。习近平总书记关于职业教育和继续教育重要论述

是习近平教育思想的有机组成部分，要把这些论述放在习近平新时代中国特色社会主义思想的整体中进一步加深理解，贯彻落实。中国特色社会主义进入了新时代，办好新时代职业教育和继续教育，必须以习近平新时代中国特色社会主义思想为根本指导思想。要用这一思想武装职业教育和继续教育领域广大干部和师生的头脑，抓学习、抓培训、抓"三进"；要用这一思想指导职业教育和继续教育的具体实践，抓方向、抓问题、抓对策；要用这一思想推动职业教育和继续教育工作，抓规划、抓实施、抓落地。"

王继平的《奋力办好新时代职业教育和继续教育》中还指出：当前和今后一个时期，我国职业教育要以习近平新时代中国特色社会主义思想为指导，坚持"高度重视、加快发展"工作方针，坚持"服务发展、促进就业"办学方向，以质量发展为核心，加快推进职业教育现代化，为决胜全面建成小康社会、开启全面建设社会主义现代化国家提供坚实的人才保障。一要完善职业教育和培训体系。做强中职、做优高职、做大培训、做好职业启蒙，优化要素和布局结构，促进职业教育内部各要素之间、职业教育与其他教育之间的沟通、衔接，为学生多次选择、多样选择以及校园和职场之间灵活转换提供更加便捷的通道。二要深化体制机制改革。健全德技并修、工学结合的育人机制，制定出台职业院校人才培养方案指导意见，推行现代学徒制。改进产教融合、校企合作的办学模式，制定出台促进产教融合意见和校企合作促进办法。三要主动服务国家战略。服务"中国制造2025"，实施好《制造业人才发展规划指南》；服务脱贫攻坚，实施好《职业教育东西协作行动计划》；服务"一带一路"建设和国际产能合作，推动中国职业教育与企业协同"走出去"。四要持续加强常规管理和建设。加强职业院校的德育、思想政治工作和党的建设，加强规范管理，加强师资队伍建设，加强教育教学改革，加强职业教育制度建设。

综上所述，教育教学质量建设从国家战略到各高校长远发展规划方面都要更加重视，同时也迫切需要从监控机制、体制，以及系统科学的评价体系建设方面，改变传统的教学监控与质量评价体系及其管理机制，以更好地适应新时期对教育的新要求。

三、教学监控与质量评价体系的一般结构

教育是一个有机的生态系统，其中影响教学质量的各因素都是系统中的有机组成部分，因此，根据职业教育系统中核心要素"校"与外部环境"政""行"和"企"之间的相互促进关系形成多螺旋促进理论和教育生态理论，教学监控与质量评价体系正是驱动教育系统良好运行的动力与根源。因此，探索并完善教育教学监控与质量评价体系，以科学合理的评价指标体系和相适应的质量评价机制，依靠功能强大的现代通信交互软、硬件基础平台是学校系统自身良性发展的根本保障。

新形势下，为了全面保证人才培养质量，实现规模、质量、结构、效益协调发展，必须努力构建系统的、科学的、有效的教学质量监控与评价体系，实施教学质量的全面管理，有力地促进和保证教学质量。教学质量监控体系的结构主要包括监控实体、监控目标、监控方法和监控制度，将以上几方面内容的监控管理与相应信息输入到质量评价体系中进行数据分析与处理，监控结果反馈指导完善质量监控体系，使之更加符合教学实践的发展与当下现代教育教学质量的要求，结构如图1-3所示。通过对教学质量进行实时监控，为教学管理、教学改革提供决策依据，并为教师专业技术职称评聘、评优评先，以及学校人事

制度、分配制度改革等提供基本的依据。

图 1-3　教学质量监控体系的结构

　　教学质量监控的目标系统主要包括人才培养的目标系统、过程系统和质量系统，如表 1-5 所示。教学质量监控实体由学校、教学部门、教务管理部门组成，是实施教学质量监控最重要的组织单位，也是实施教学及管理的单位，还是实施教学质量监控与评价最直接与最关键的组织。

　　教学质量监控方法主要有三种：

　　(1) 教学信息监控——通过日常的教学秩序检查，期初、期中和期末教学检查，教学信息反馈和学生教学信息反馈等常规教学信息收集渠道，及时了解和掌握教学中的动态问题。

　　(2) 教学督导监控——对所有教学活动、各个教学环节、各种教学管理制度、教学改革方案等进行经常性的随机督导和反馈。

　　(3) 专项评估监控——通过专业评估、优秀课程评估、教材评估、实训室评估、试卷评估等，借助目标监控辅助过程监控，促进教学质量监控过程的完善。教学质量监控制度主要包括听课制、学生评教制、双向选课制、新教师上岗考核制、教师末位淘汰制等。

表 1-5　教学质量监控的目标系统的结构

序号	监控的目标	内　容	作　用
1	培养目标系统	目标定位	导引
		培养模式	
		培养方案	
		学科专业改造	
		发展方向	
2	培养过程系统	教学大纲	
		教材建设	
		师资队伍	
		课堂教学质量	
		实践教学质量	
		教学内容	
		教学手段与方法	
		考核方式	
		试卷质量	

续表

序号	监控的目标	内　　容	作　　用
3	培养质量系统	课程合格率	
		竞赛获奖率	
		创新能力	
		毕业率	
		就业率与就业层次	
		用人单位评价	

　　保证教学质量是发展教育的首要问题。应用技术类院校通过提炼正确的教育指导思想，遵循教育教学客观规律和应用技术人才培养规律，建立一套完整和严格的教育教学监控与质量评价体系，确保教学过程的良好运行和教学质量的提高。教育教学质量评价指标体系的建立可借鉴国内外先进的教育教学管理与教学评价的思想、理论与方法，评价方法和评价手段应具有科学性、合理性、先进性和可行性，并开发基于.NET 大教育生态环境下的教学质量综合评价系统，通过严谨的评价程序，教务教学部门、学生、督导多方测评，对教学质量进行综合评价。通过开展教师教学质量综合评价，使教师获得综合、全面的反馈信息，及时改进教学方法，提高教学质量。

　　教学质量评价体系可采用多种评价方式，从形式上看，主要以网上评价(如学生评教、督导评价、教务教学部门评价)为主，辅以实地检查(督导听课、部领导组织的听课、学生评议、教学检查等)。质量评价措施主要可采用"点—线—面"立体评价和三方独立评价。"点"是指督导评价，"线"是指学生评教，"面"是指教务教学部门评价，形成"点—线—面"对应的"专家—对象—管理者"的综合评价体系。三方独立评价是指"专家、对象、管理者"互不影响，独立完成评价，从而保证任何一方的评价都会直接影响评价结果，但任何一方却无法单方面决定评价结果，从而保证质量评价结果的客观公正。评价指标体系的构建必须坚持客观性、导向性、系统性、独立性和操作性原则。客观性原则强调应遵循教育教学规律和人才培养的规律，保证评价指标符合教学过程、教学实际，可客观、公正地反映实际教学情况；导向性原则强调评价指标体系应能科学、合理、全面地促进教学质量的提高，系统性原则强调体系的设计上综合、整体地考虑教学情况，科学、合理地分配评价指标及其观测点所占的权重；全面性原则强调评价指标全面真实地反映教学现状和教学发展的目标；独立性原则强调各项具体指标及其观测点之间，既相互依存、相互联系以构成有机的整体，又相互独立，使各项具体指标在教学过程上充分考虑了教学方法、教学手段、教学思路、学生学习情况以及素质训导等，特别突出综合素质的训导。

　　应用技术本科教育教学质量评价体系一般涵盖：专业设置、课程设置、教学计划、教材建设、实践教学、师资队伍、教学管理以及质量评价机制 8 个指标要素，它们相互影响、相互促进，共同形成了教育教学的教学监控与质量评价体系的子系统。课题组结合学生发展中就业率、就业质量、学生创业、学生职业技能竞赛、奖学金等因素，构建了"三人"(学生、教师、管理者)、"两平台"(软件平台、硬件平台)和"两制"(机制、体制)的系统性全方位的质量监控与评价体系。在研究整体评价时不忽略任何因素所起的作用，同时，更要抓住影响系统的主要因素，这就是本课题所采取的提炼"主要因素重点研究"和"三人"—"两平台"—"两制"的质量评价研究内容结构。

参 考 文 献

[1]　范秀娟. 我国本科应用型人才培养的探索和研究[D]. 兰州：兰州大学，2010.

[2]　张其香. 应用技术大学建设的观念、定位与路径研究[J]. 重庆高教研究，2015(2)：17-21.

[3]　冯理政. 德国应用科学大学(FH)办学特色的分析与研究[D]. 上海：华东师范大学，2010.

[4]　张阿樱，李志平. 地方本科院校应用型人才培养特色范式研究[J]. 哈尔滨学院学报，2015，5(5)：131-133.

[5]　张蕾，田海洋. 近年来我国新建应用型本科院校发展模式研究述评[J]. 池州学院学报，2015(2)：131-134.

[6]　郝雪. 人才市场需求导向的应用技术大学专业设置研究[D]. 哈尔滨：哈尔滨理工大学，2015.

[7]　曲艺. 应用型大学实践教学体系理念的内涵及应用[J]. 教育探索，2009(6)：28-29.

[8]　邵波. 我国高等教育大众化进程中的应用型本科教育研究[D]. 南京：南京师范大学，2009.

[9]　柳友荣. 我国新建应用型本科院校发展研究[D]. 南京：南京大学，2013.

[10]　陈裕先. 德国应用科技大学实践教学模式及其对我国应用型本科教育的启示[J].国际视野，2015(5)：84-89.

[11]　汪文婷. 我国应用技术大学双师型师资队伍建设研究[D]. 哈尔滨：哈尔滨理工大学，2015.

[12]　杨丽. 新建地方本科院校应用型人才培养模式的案例研究[D]. 南宁：广西大学，2014.

[13]　赵晓东. 高等职业教育的跨世纪走势[J]. 职教论坛，1998(8)：6-7.

[14]　张圣勤. 五年制高职的培养目标和人才规格[J]. 上海机电技术高等专科学校学报，2000，3(1)：4-7.

[15]　谷鸿溪. 中国职业教育跨世纪走向[M]. 北京：中国铁道出版社，1999.

[16]　群慧. 培养高等技术应用性人才的必由之路[N]. 中国教育报，2000-03-13.

[17]　陈向平. 基于素质教育理念的高职人才培养模式的探索与实践[J]. 中国成人教育，2009(10)：77-78.

[18]　刘巨钦，朱健. 论独立学院人才培养定位[J]. 长春工业大学学报(高教研究版)，2007，28(2)：84-86.

[19]　张丽萍，李晴. 关于我国高师人才培养规格研究综述[J]. 硅谷，2008(9)：98.

[20]　张荣秀，张宁. 旅游高职教育人才培养规格的研究[J]. 中国校外教育(理论)，2008(12)：65+137.

[21]　赵普. 高等财经院校人才培养模式转变问题的探讨[J]. 生产力研究，2009(17)：88-90.

[22] 吕俊峰，丁旭红，孙小娅. 相关医学人才培养"ICS"模式的探索与实践[J]. 教育与职业，2009(15)：41-42.

[23] 朱英璋. 高等经、管、财类教育的人才培养规格与培养途径[J]. 新疆职业大学学报，1996(4)：65-68.

[24] 米增强，王秀梅，贾俊菊，孙萍茹. 以质量立校狠抓人才培养关键环节[J]. 中国高等教育，2006(1)：46-48.

[25] 单立勋，朱玉珠. 新世纪高校文科人才培养模式的构建[J]. 佳木斯大学社会科学学报，2007，25(5)：115-116.

[26] 王继平. 奋力办好新时代职业教育和继续教育[N]. 中国教育报，2017-12-01(01).

第二章　应用技术类教育教学监控与质量评价体系构建依据与框架

　　教育教学监控与质量评价体系必须建立在科学的教育观念和理论基础之上。长期以来，制约我国应用技术类教育发展的因素主要体现在两个方面：一方面，社会对应用技术类教育的认识不够全面和深入；另一方面，应用技术类教育办学思想不明确，软硬件平台不足，机制体制不健全，导致教育功能的发挥不尽如人意。在我国，普通高等教育着力培养具有扎实理论基础的理论型、学术型以及研究型人才，而职业高等教育侧重于培养具有较强实践能力，能够胜任生产、服务、经营和管理等一线岗位的应用型人才。应用技术类教育介于普通高等教育和职业高等教育之间，培养适应经济社会发展需求的全面发展的高素质应用型人才。

　　从现代化建设对人才的素质要求来看，应用技术类教育不仅要重视知识和技能的培养，还要重视综合素质的培养；不仅要培养以职业能力为核心的综合能力，还要重视品质和人格教育；不仅要将应用技术类教育当成促进就业的重要手段，更应使其成为提高劳动者技能的有效途径。虽然目前我国应用技术类教育在应用技术型人才培养方面取得了一定的成效，但在教育教学监控与质量评价体系的科学构建、软硬件平台建设、管理机制和制度保障等理论和实践方面都还有待加强。因此，应用技术类院校应努力形成严谨的理论指导下的监控与质量评价体系、完善的平台，实现全面的科学管理。

　　本章内容以应用技术类教育教学监控与质量评价体系构建的原则和现代教育学的理论为出发点，结合教育教学过程中的现代管理科学理论及其应用，尝试构建应用技术类教育教学监控与质量评价体系的框架。

第一节　教学监控与质量评价体系构建的原则

　　科学地构建健全的教育教学监控与质量评价体系，是提升教育教学质量的有力保障。因此，构建教育教学监控与质量评价体系应遵循以下一般性原则：

　　第一，系统性原则。教育教学监控与质量评价体系应采取系统性的观点和方法，全面地考察质量保障活动的各个要素及其相互关系，使影响教学质量的各因素和教学过程的各环节紧密联系，形成有机整体，以便有效控制。

　　第二，科学性原则。影响教育教学质量的因素和环节很多，因此，在制定教育教学监控与质量评价体系的方法时需注重科学性，应采用定量与定性相结合的方法，提高教育教学监控与质量评价的科学性。

　　第三，持续性原则。教育教学质量的改进是一个渐进的过程，不可能一蹴而就。因此，应用技术类院校要从持续提高教育教学质量的发展观出发，敏锐地发现教学管理和评价活动过程中的问题和不足，及时做出改进，确保教育教学质量的持续提升。

　　第四，可操作性原则。应用技术类院校在制定质量监控各层级关系、实施流程和设计评价指标、评价体系时，既要全面，又要便于操作，应做到项目清晰、程序简化、易于实施，从而使其具有较强的可操作性。

　　此外，针对应用技术类教育对人才在应用能力和技术方面的突出要求，结合现代信息科学技术的发展，应用技术类教育教学监控与质量评价体系还需遵循下列原则：

　　第一，全员参与原则。全员参与要求人人参与，"全员"包括学校各级领导、全体教师、管理人员和全体学生。人人参与扩大了教学监控与质量评价的主体范围，形成了强大的合力，使监控与质量评价建立在广泛的参与和支持之上，从而形成全员参与、良性互动的网络体系。

　　第二，全过程监控与质量评价原则。全过程着重时间方面，强调教学监控与质量评价要贯穿从学生入学前的准备到学生入学和毕业就业的整个过程。通过对整个过程进行科学、有效的监控与评价，促进教育教学质量的提高。

　　第三，全方位监控与质量评价原则。全方位主要是从空间上强调监控与质量评价应体现在促进教育教学质量提升的各个方面和环节，包括人才培养方案的制订、教学计划的制订与实施、课程建设与改革、实训基地建设、学生实习与就业，以及就业质量调查和反馈等。

　　第四，大数据互联网平台的应用。随着现代科学技术的迅猛发展以及大数据时代的到来，数据、互联网在教育教学监控与质量评价中的作用也日渐突出。大数据互联网平台通过对影响教育教学质量的各类要素进行智能化数据分析，改变了传统的教学质量管理模式，实现了全面覆盖、常态持续、实时动态、量化精准的监控与质量评价。

第二节　教学监控与质量评价体系的理论基础

　　基于应用技术类教育在高等教育大众化进程中的重要作用、教育的可持续发展以及人的全面发展要求，现代教育学理论和教育过程中的现代管理科学理论为教育教学监控与质量评价体系的构建提供了必要的理论基础。

一、现代教育学理论

1. 教育生态学理论

1) 基本内涵

　　教育生态学是 20 世纪 70 年代中期兴起的一门新兴的教育学分支学科，它是生态学原理与方法在教育学中渗透与应用的产物。生态学是研究生命系统和环境系统之间相互作用的规律和机理的；教育学则是研究教育发展的规律，以及社会对教育的影响和教育在社会发展中的地位及作用；而教育生态理论是依据生态学原理，特别是生态系统、自然平衡、协调进化等原理，研究教育与其周围生态环境之间相互作用的规律和机理的科学，它把教育与生态环境联系起来，并以其相互关系及作用机理为研究对象，研究各种教育现象与成因，进而掌握并指导教育发展的趋势和方向。大陆最早进行教育生态学研究的是吴鼎福教授，他在专著《教育生态学》中对"教育生态学"的定义是：依据生态学的原理，特别是生态系统、生态平衡、协同进化等原理与机制，研究各种教育现象及其成因，进而掌握教育发展的规律，揭示教育的发展趋势和方向。限制因子定律、耐度定律与最适度原则、花盆效应、教育生态位原理等都是教育生态学的基本原理。

教育生态学所体现的哲学范式、世界观、价值观和平等观，顺应时代发展的需求，以全新的教育理念发挥了它强大的生命力。

2) 应用

教育生态学作为生态学与教育学相互交叉渗透的学科，依据生态学原理，研究各种教育现象和成因，揭示教育发展方向和规律，开拓教育研究的新视野。针对高等院校所处的教育竞争环境及教育教学的实际情况，基于教育学生态理论，将教学监控与质量评价体系视为高等院校生态环境下的一个生态子系统，可与学校生态环境形成相互作用、相互影响的整体；基于教育生态学理论，构建教育教学监控与质量评价体系，有利于教学监控与质量评价工作更加客观、公正且更具操作性。

2. 教育质量评价理论

1) 基本内涵

"评价"(Evaluation)一词也作"评估"。"评价"和"评估"两者在学术界及教育行政管理部门的各种行文中经常被通用，本章使用"评价"作为教育质量评价或评估的统一用词。中外学者对教育质量评价的含义有不同的解释，并根据各自不同的侧重点形成了不同的学说。从国内外学者的研究来看，代表性的观点可以归纳为"效果说""方法说""信息说""价值说"和"过程说"五种，如表 2-1 所示。

表 2-1 教育评价典型观点比较

序号	学说	代表人物	核心观点
1	效果说	泰勒	强调通过评价判断教育目标或计划的实现程度
2	方法说	美国斯坦福评价协作组	强调评价是成绩考查的方法或帮助改进的方法
3	信息说	克龙己赫	强调通过评价收集、整理教育活动资料，服务教育决策
4	价值说	桥本重治	强调教育评价关键在于价值判断
5	过程说	得雷斯	强调评价是决定某种活动及程序的价值的过程

从教育评价理论的发展进程来看，泰勒的教育评价思想为现代教育评价理论奠定了基础，关注课堂教学和学生学习的结果是泰勒教育评价的典型特征。随着教育评价理论的发展和实践的进步，教育评价的功能不断延展，运用范围也不断扩大，从单纯检查教育结果拓展到检查整个教育过程。因此，教育评价的内涵和外延都伴随着理论与实践的发展而不

断得到丰富与延展。发展到现在，教育评价指的是在一定的评价理念和教育目标引导下，运用评价标准和指标体系对教育是否达到标准所做出的价值判断。评价理念、教育目标、评价标准是教育评价的核心要素。教育评价的完成要具备相应的条件并遵循一定的程序，其中，依据评价标准细化而成的评价指标体系是教育评价进行的关键前提。指标体系制定完成后，评价者根据指标体系科学、系统地收集有关教育的信息并对其进行定量定性分析，为判断评价对象是否达到标准提供证据支持，为改进学校教育工作提供决策依据。

2) 应用

教学质量评价是一种教学质量管理思想和方法，是教育质量评价中的一项重要内容，旨在维持并提升高校教学质量。高等教育质量保障体系中的教学质量评价是对一所学校教学质量状况进行系统分析和判断的过程。依据评价主体的不同，教学质量评价可以分为内部评价和外部评价两类。内部评价又称自我评价，是由高校自己组织实施的质量评价，通过对学生实施问卷调查、系统收集相关资料、开展师生座谈等方式，对高校的专业、课程、教学机构等做出评价；外部评价是由高校外部的专业机构或政府组织来实施的，通常由督导人员、外部专家和同行等组成一个评价小组，通过收集高校教学活动相关信息、资料和证据来判断教学质量的高低。

二、教育过程中的现代管理科学理论

教育教学监控与质量评价体系的构建，涉及教育体系的内外多种要素，包括局部和整体的多个层面，贯通该教育体系的过去、现在和未来，因此需要引入现代管理科学相关理论，为现代应用技术类教育教学监控与质量评价体系研究奠定理论基础。

1. 新公共管理理论

1) 基本涵义

新公共管理(New Public Management)的概念产生于 20 世纪 80 年代，是区别于传统公共行政的一种新的公共管理和行政模式。它以现代经济学为理论基础，将私营部门的管理系统和管理技术运用于公共服务部门，是一种以经济、效率和效益为目标的管理模式。

新公共管理的理论观点可以概括为以下几点：

(1) 推动政府由管理行政走向服务行政。政府的管理职能应是掌舵而不是划桨，在强调社会公众至上的基础上，主张政府公共部门重新界定职能和实现部分职能的市场化。

(2) 政府要注重提高公共行政服务的效果、效率和质量，采用明确的绩效控制，公共行政绩效的评价指标需重点关注效率、服务质量、公共责任和社会公众的满意度。

(3) 政府应引入企业管理手段和理念，如目标管理、成本核算、绩效评估等，广泛吸收私营企业的科学管理方法和经验，以提高行政工作效率。

(4) 政府应放宽行政规则，由一元控制走向多元治理，将授权与分权广泛结合，倡导政府将部分管理职能下放给基层政府与组织，鼓励企业、公民和非政府组织在公共事务中坚持自治原则。

(5) 政府要在公共管理中引入竞争机制，打破行政垄断，改革政府公共供给方式，促进国家之间、地方政府之间和公共部门之间的竞争。

(6) 政府公务人员不必保持中立。新公共管理理论体现了公共行政管理发展的基本趋势，促进传统的行政管理模式向经济、理性、普遍性等新管理主义的模式转变，对于提高公共行政服务的质量和效率、政府运用市场的方法来管理公共事务、实现公共行政管理的现代化等，都具有指导意义和现实价值。

2) 应用

我国目前正处于深入推进高等教育领域综合改革、提升高等教育治理水平现代化的关键时期，新公共管理理论可为我国高等教育质量保障提供有益借鉴，因为我国绝大多数高校是公立性质的，由政府主办高等教育，相应地，学校管理也表现出较强的政府行政特点。毋庸置疑，管理模式与方法的过度统一化、程式化和单一化，将不利于高校结合自身特点进行灵活的自主管理和创新发展。在当前社会政治、经济飞速发展的大背景下，我国政府亟须转变在高等教育领域的职能，提升高校管理效率，建设高校内部质量保障体系，提升高校管理的自主保障力，构建第三方独立机构主导的外部质量保障体系，保障高等学校教学质量、科研质量和社会服务质量的全面提升。在此意义上，新公共管理理论的很多核心观点对于我国教育教学监控与质量评价体系建设具有重要的指导意义和参考价值。

2. 全面质量管理理论

1) 基本涵义

全面质量管理(Total Quality Management，TQM)理论起源于美国，是质量管理理论发展的最新阶段，也是高等教育质量保障运动的催生因素之一。1961 年美国通用电气公司总裁费根堡姆(A. V. Feigenbaum)首先提出了全面质量管理的概念，旨在提高公司管理效率，为了使公司在最低投入的情况下最大限度地满足用户的需求，将质量控制的理念和方法贯穿至产品研发、设计生产和市场推广等各个环节，全面提升企业各部门的质量水平。此后，全面质量管理经由一大批质量管理学家的发展，逐渐形成一个丰富的理论体系。今天，全面质量管理已经成为一个大范畴的理念，既是一种管理哲学，也是一种管理手段，是组织为确保产品质量的持续提高，以实现生产消费者满意的产品的最终目的而由全体人员共同参与，运用现代科学管理技术对在整个生产过程中影响产品质量的各种因素进行全面、系统的管理的手段与方法。

全面质量管理理论的基本思想可以概括为三个方面：第一，质量管理的对象不仅仅是产品质量，还应包括工作质量；第二，质量管理不应局限于产品的制造过程管理，还应该扩展到与质量有关的所有环节；第三，质量管理不仅仅是专门的管理人员的事，还应该要求全员参与，让所有相关人员都为质量的提升做出贡献。

全面质量管理包含质量形成全过程的控制(质量管理)和质量保障两个方面。质量管理是控制和指导某一组织与质量有关的相互协调的活动，主要是为了达到质量要求所采取的全部技术和活动的总和；质量保障主要是为了取得管理者的信任。质量管理和质量保障之间没有截然的界限，二者是互相联系、互相补充和互相制约的关系。

2) 应用

全面质量管理理论对高等教育质量保障体系的影响历久弥深，正是受全面质量管理的影响，高等教育质量保障体系才开始出现，且突破了单纯由管理者负责的传统局限，倡导全员参与，使管理者、教师、学生、社会组织都成为高等教育管理的直接利益相关者，共同参与高等教育质量保障；实现了高等教育质量保障中学术标准与消费者标准的结合，将应用技术类高校的教学质量、科研质量和社会服务质量置于同等重要的位置，关注社会的需求和消费者的满意度；将高等教育质量管理的范围拓展至学校管理的各个方面和环节，注重教育质量信息数据的系统收集和科学分析，实现了高等教育质量保障的全过程性。由此可见，对应用技术类教育教学监控与质量评价而言，全面质量管理理论将对其质量及保障体系的全员性、全过程性和全面性等方面产生指导价值，最终促进应用技术类教育质量的持续改进。

第三节　教学监控与质量评价体系的框架

健全教学监控与质量评价体系对提高学校教育教学质量十分重要。本节内容主要对教学监控与质量评价体系的各个构成要素进行系统的分析，即教学监控与质量评价的主体系统、客体系统、实施系统和目标系统，如图2-1所示。

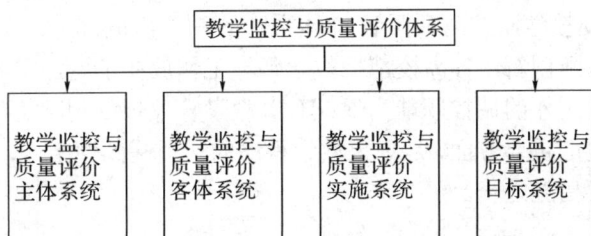

图 2-1　教学监控与质量评价体系的构成要素

一、教学监控与质量评价主体系统

教学监控与质量评价主体系统是指学校在教学管理部门的协调组织下，规划合理的步骤与程序，在教学质量评价的基础上，对教学工作进行总结、反馈和整改，从而保证教学质量得以提升并达到学校教学质量目标的过程。院系领导、学校职能部门、教师、学生、用人单位与企业和家长等都可以作为评价主体参与到教学监控与质量评价活动中，从而形成全方位、多角度的审视，以保证教学监控与质量评价的客观合理。教学监控与质量评价主体系统结构如图2-2所示。

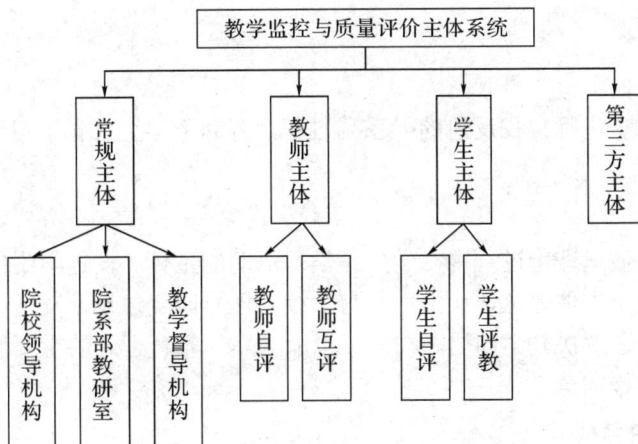

图 2-2　教学监控与质量评价主体系统的结构

1. 常规主体

1) 院校领导机构

各院校应该在所属教育局的带领之下，成立校级和院级教学监控与质量评价工作领导小组，由校长任总指挥，各学院院长任组长。为了使教学质量能够得到更有效的监控，校级和院级教学监控与质量评价工作领导小组的成员还应该包括各院(系)的教学督导，教务等部门负责人主要负责组织、协调各院(系)的教学监控与质量评价工作。

2) 院(系)部教研室

各院(系)必须成立教学监控与质量评价工作小组，由各院(系)主任担任组长，成员包括教研室主任及骨干教师，主要以自查、自评的形式对各院(系)的教研室及教师的教学质量进行监控与评价。

3) 教学督导机构

教学督导是高校教学监控与质量评价体系中的重要组成部分。随着办学规模不断扩展，教学管理体系不断创新，各高校都把教学督导工作放在了更加重要的位置。教学督导组强化学校教学管理工作的调控职能，保证有关教学管理规章制度的贯彻执行。教学检查制度是常规教学管理的重要方面，是规范教学秩序的一项基础性工作，也是强化质量意识、推进教学改革的重要措施之一。

2. 教师主体

1) 教师自评与互评

教师自评是教师进行自我反思的一系列过程，这个过程中从自我认识开始，进而到自我分析，最后期望能实现自我提高。从人力资源管理的角度来看，自我评价对于个人和单位来说很重要。虽然自我评价的主观性较强，但是这个过程有助于刺激个人认识自身优势，同时还可以帮助个人自省不足，扬长避短。多数高校也认识到自评的重要性，也将教师自评纳入教学监控与质量评价体系中。

2) 教师互评

教师互评是指同专业的教师互相评价课堂情况、作业情况等，互相切磋学习交流的过程。

3. 学生主体

1) 学生自评

学生自评是学生进行自我反思的一系列过程，有助于学生自省学习过程的不足，更全面地认识自己。

2) 学生评教

在教学监控与质量评价过程中，学生是学习活动的主体。设置学生信息员制度，使学生在教学活动中处于主体地位，让学生参与学校管理及制度建设，发现并反映教学过程中的某些问题，是快速解决教学问题、树立"以人为本"教育理念的重要手段，对于不断提高教学质量具有积极的意义。

4. 第三方评价主体

据研究，当前高等教育的评价主体基本是所教学生和教师所在院系，第三方评价往往缺席。所谓第三方评价，是指独立于被评价者任教的高校外的教育质量评价行为，主要有企业、用人单位、社会及家长。其中，高校与企业之间，尤其是与用人单位存在一定的合作关系，企业作为人才培养的实际需求单位，具有第三方机构的行业敏感性和专业性，可以有针对性地提出相应的改善和积极的参考意见。

二、教学监控与质量评价客体系统

教学监控与质量评价客体系统指教学监控与质量评价的对象，主要由理论教学、实践教学、教师客体、学生客体和专业与课程建设等构成，如图 2-3 所示。

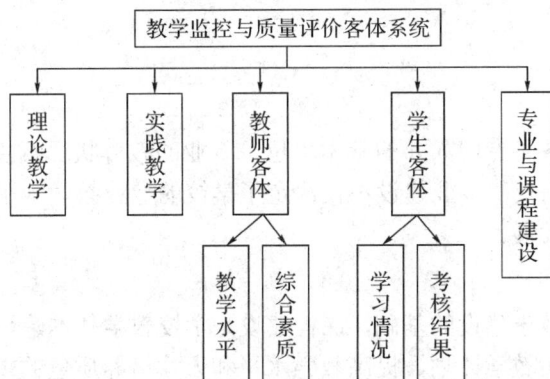

图 2-3　教学监控与质量评价客体系统的结构

1. 理论教学

理论教学主要是指在课堂上向学生讲授专业理论知识，培养学生具备系统的专业知识和理论体系。

2. 实践教学

实践教学分为实训、实习教学和毕业设计(论文)教学。在教学过程中，实训、实习是学生进行教学实践或顶岗实习的重要环节，目的是使学生了解社会、接触现实，能综合运用所学理论知识和技能，初步获得本专业的实际知识，培养学生的实践能力和专业能力；毕业设计(论文)作为学生综合应用知识的一次实践，其成果对教学监控与质量评价和学生应用能力的鉴定尤为重要。

3. 教师客体

1) 教师教学水平

教学水平是指教师的教育教学素质，即教师利用现代教育方法和教学技能，提高学生解决问题的能力和开发创新能力。教育教学素质评价可以将教学比赛、学生竞赛等作为重要考量依据。

2) 教师综合素质

(1) 职业道德。教师的职业道德直接影响其教学质量和服务质量，高校教师要具有爱国守法、敬业爱生、教书育人、严谨治学、服务社会、为人师表的规范职业道德。

(2) 应用技术能力。应用技术类教育突出强调的是高校人才培养目标与社会行业需求直接对接，注重人才的社会适应性和职业践行能力，因此必然要求教师具备较强的应用能力和技术能力，从而更好地指导学生成长成才。

4. 学生客体

1) 学生学习情况

学生的学习情况主要包括学生的学习态度、学习能力和对理论教学与实践教学内容的掌握情况。

2) 对学生进行考核

对学生的考核主要是教师对学生在教学过程中的学习情况进行考核，应按照定性和定量原则进行综合评价。

5. 专业与课程

1) 专业建设

专业是高校培养各种专门人才的基本单位，专业的教育状况直接影响人才培养质量。办学校就是办专业，高校的专业建设不仅决定了学校的专业教学水平及人才培养质量，还关系到学校的生存和发展。

2) 课程建设

课程是高等学校教学建设的基础，课程建设是学校教学基本建设的重要内容之一。加强课程建设是有效落实教学计划、提高教学水平和人才培养质量的重要保证。

三、教学监控与质量评价实施系统

教学监控与质量评价实施系统是指教学监控与质量评价过程中制度和方法的集合。教学管理制度和方法是进行有效的教学监控与质量评价的重要保障，针对教、学、管三个层面的每一个环节制定实施细则，有利于实施活动的"有法可依，有章可循"。

1. 教学质量第一责任人制度

校长作为学校第一责任人，应具有现代的、新型的教育理念，全面贯彻党的教育方针，以教学工作为核心开展学校各项工作，适时调整和统筹规划学校的人才培养目标、人才培养模式，审定教学质量监控方案，定期召开学校党委会、校长办公会议专题研究教学工作。

各处室主任、专业部主任作为各处室和专业的第一责任人，应执行并落实学校总体教育教学规划，有效保证学校教学工作的中心地位和教学工作的顺利运行，抓好教学质量的定性定量考核，定期召开教学工作会议，明确强化教研室主任职责，及时研究解决教学中出现的新情况、新问题，保证教学质量不断提高。

2. 教学例会制度

学校党委会或校长办公室一个月至少召开一次专题会议，研究教学以及管理中存在的问题。教学委员会每个月召开一次由教学管理部门负责人、各专业部主任、教研组长参加的教学工作会议，研究并部署教学工作。

教务处应协助主管教学的校领导定期或不定期地召开专业部主任及公共课教研组长的教学工作例会或专题工作研究会，了解、协调和处理教学计划实施过程中出现的各种问题。各专业部要定期召开专业教研组长会议和任课教师会议，及时掌握教学过程状况，总结和交流教学工作和教学管理工作的经验，及时解决教学过程中出现的问题。

3. 新教师岗前培训与新老教师帮带办法

针对新教师的岗前培训有助于新进教师掌握教学基本理论、深入了解教学规律、明确教师的职责与义务。培训合格后，教研组为新教师分配帮带老教师，制定岗前培训计划。在老教师指导下，新教师参加拟开课程的辅导、答疑，开展讨论课或习题课、实验实训课等教学环节，按照拟开课程教学大纲要求，较熟练地掌握课程的基本内容和课程重、难点，基本熟悉教材，初步掌握教学方法和手段，了解各个教学环节的工作程序。

4. 教师任课资格审批办法

针对无教学经历的教师，学校需要对其进行试讲审查，包括试讲教案、演示文稿等材料的审查，审查通过后方可开课。

5. 新生素质调研制度

待新生入学后，学校可通过问卷调查等方式对新生进行调研，全面了解新生的综合素质状况，为调整授课计划、教学大纲、教学方法，以及因材施教、有针对地开展教学工作提供科学依据。

6. 教学常规检查制度

教学检查采取日常教学检查与定期教学检查相结合的方式，全面及时地了解全校教学运行状态，并结合检查结果进行更有效、更规范、更科学的管理，比如为学校提供更好的教学资源平台，包括试题题库、智能阅卷、自动生成质量分析报告等可分析的表格，使得每位教师能收集、积累丰富的教学经验，提升教学监控与质量评价效率，获得历次考试结果的数据分析。当然，学校也可以通过对教师纵向、横向的对比，更有效地了解教学中的不足，指导教师成长发展。

7. 教学督导制度

学校建立教务处、教研室或者专业部二级教学督导机构，以及教学督导的双向(校领导、管理部门、教师)信息反馈机制，注重发挥"导"的作用，在"督"中发现问题并提出切实可行的整改措施和方案。

8. 听课制度

学校应加强对主要教学环节的检查监控，开展听课评课活动，这有助于教师之间相互学习和提高。

9. 学生评教制度

学校每学期通过组织问卷调查，让学生匿名对教师的课程质量进行客观评价。

10. 教师评学制度

教师每学期用问卷调查的形式，对学生的课堂学习情况进行客观评价。

11. 考核制度

学校通过考试质量分析，对学生的考试成绩进行评价，建立教学质量检查考核制度，并制定科学的、可操作的教师教学监控与质量评价指标体系，有效、快捷地找到教师自身以及学校的不足之处，进而提高学校的办学效益。

12. 实习生、毕业生质量跟踪调查制度

为了让毕业生能找到更好的工作，学校应该组织审核"双选会企业"，院系领导督促学生签订实习协议以及相关的离校、入企工作，针对未在双选会上选择到合适的实习企业的学生，各院系必须提供合法的企业供学生选择。针对学生私自选择的实习企业，院系相关负责人必须对实习企业的资质进行严格审查，增强对实习生的监控，让每个实习生将在实习企业的工作环境、入住环境、待遇等及时汇报给指导老师，加强学校和实习企业之间的沟通，根据企业的反馈，培养适合企业需求的学生。

学校应建立毕业生质量跟踪调查制度，目的是通过了解学校毕业生的就职情况，及时调整专业设置和专业培养计划，有针对地改进学校的教育教学工作.

四、教学监控与质量评价目标系统

确立教学监控与质量评价目标系统是保障教学质量的前提，也是教学监控与质量评价体系的重要组成部分。教学质量标准既是教学工作的目标要求，又是质量评价的重要依据，也是教学质量管理的基础。各教学环节的质量目标应紧紧围绕人才培养总目标和思想道德、理论知识、实践技能、能力培养和身心素质等子目标而科学地制定。

教学监控与质量评价目标系统主要由课堂教学质量目标、实践教学质量目标、专业与课程质量目标、学生学习质量目标以及学校管理质量目标构成，作为教学过程中监控与质量评价的重要依据。该目标系统的结构如图 2-4 所示。

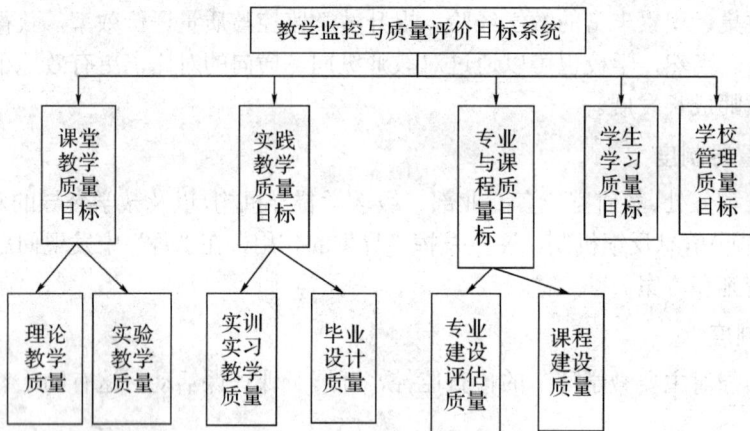

图 2-4　教学监控与质量评价目标系统的结构

1. 课堂教学质量目标

1) 教学态度

教师的教学态度是影响学生学习的一个重要因素，也是教育的核心内容。教师本身应热爱教育事业，明确教书育人的职责；从严执教，严于律己，备课充分，授课认真；语言清晰，板书工整，着装得体，举止大方，教态自然，具有很强的责任心；为人宽容豁达，对待学生真诚负责。

2) 教学内容

教师对所讲授的内容要掌握娴熟、运用自如；具备扎实的专业知识并认真钻研教材；教学内容丰富，授课内容符合教学大纲要求，概念准确清楚，能有效利用课堂时间，思路清晰，重点突出，难点讲述透彻，节奏流畅，逻辑性强；知识面广，信息量大，吸收学科最新成果；教学直观性强，能理论联系实际，引例准备恰当；口齿清晰，声音洪亮，语言简练生动；板书布局合理，文字图表规范，章节题目明确，演示文稿能与板书配合。

3) 教学方法与手段

教师本身要具备较强的预设能力，教学方法、手段灵活；语言生动形象，课堂驾驭能力强；善于引导学生思考，拓展学生的思维空间，激发学生的学习兴趣，促进学生积极自主学习，因材施教，注重学生学习方法与能力的培养；充分利用现代化的教学技术，使学生的创新思维与实践能力得到有效的锻炼，培养创新型人才。

4) 教学环境

教师应创造良好的教学环境，给予学生足够的学习时间和空间，借助良好的班风和课堂氛围帮助学生形成正确的学习态度和价值观，树立对学习的自信心；师生关系平等，相互尊重；在教学过程中具备良好的课堂组织能力，注意师生互动，保持活跃的课堂气氛。

5) 教学效果

教师应结合学生和专业课程的实际情况，开展丰富多彩的教学活动，充分调动学生学习的积极性；探索出行之有效的教学方式，让学生能掌握本课程的基本知识、理论和技能；高效地完成教学任务；听取教学名师对课堂教学的评价。

2. 实践教学质量目标

实践教学质量目标应与专业定位相符，并与学校质量管理方针相一致；要与地方经济发展相结合，促进地方产业的发展。因此，实践教学质量目标内容应根据学校质量管理方针，结合专业定位、职业岗位技能要求等多方面因素进行策划与设计。此外，针对实践教学的特殊性，实践教学质量目标还需要责任到人、责任到岗，层层落实。

学校要在工厂、企业、校园、社会等环境中为学生建立实践教学基地，构建实践实习的保障机制；有一定数量的综合性、设计性实验，有开放性实验室，实验指导人员结构合理；建立学校、用人单位和行业部门共同参与的学生考核评价机制；毕业设计(论文)选题应紧密结合实际，体现专业综合训练的要求，教师指导规范，毕业设计(论文)质量合格；实习实训时间应有保证，教师指导到位，考核科学，实习实训效果较好。

3. 专业与课程质量目标

1) 专业建设评估质量

(1) 优化人才培养方案。学校应构建科学合理的应用型人才培养方案，反映专业培养目标，体现德、智、体、美全面发展的要求；加强对相关产业和领域的发展趋势和人才需求的研究，形成有效的保障机制，吸引产业、行业和用人部门共同研究课程计划，制定与生产实践、社会发展需要相结合的培养方案和课程体系。

(2) 改革课程教学内容，加强教材建设。课程内容要符合高素质应用型人才培养要求，反映相关产业和领域的需求。教师应集成、整合、深化已有教学改革成果，重视对学生创新精神、实践能力和创业能力的培养；灵活运用多种先进的教学方法，充分、恰当地使用现代教育技术手段。学校应建立健全教材选用和质量监管制度。

(3) 完善教师培养和任用机制，加强教师队伍建设。学校应完善校内专任教师到相关产业和领域一线学习交流、相关产业和领域的人员到学校兼职授课的制度和机制；建立教师培训、交流和深造的常规机制，拥有一定数量的具备专业(行业)职业资格和任职经历的"双师型"教师，形成一支了解社会需求、教学经验丰富、热爱教学工作的高水平、专职兼职结合的教师队伍。

(4) 强化实践教学，推进人才培养与生产劳动和社会实践的结合。

(5) 通过改革和建设，培养适应经济社会发展需求的专门人才。学校应及时总结取得的有效经验和实践效果，规范专业建设的内容，推动专业建设工作正常开展。

2) 课程建设质量

课程质量目标相对于国家课程标准，其最重要的内容是增加了课程评价，或者说课程教学效果评价，这是检验和评价课程质量的重要依据。课程评价的导向性作用非常明显，借助科学合理的课程评价指标，在一定程度上可以引导和推动教师转变教学观念、教学方法和手段，提高教学质量。

从理论上说，课程评价应该依据教学目标对教学过程中的各种因素及其综合结果做出科学的判定。一方面，由于教学目标包括知识、能力、素质等多方面的目标，因此，单纯将学生掌握知识的程度作为评价目标是不够全面的；另一方面，教学是教师和学生共同完成的人才培养活动，是培养的过程，因此对培养过程的考评也同样重要。根据质量和标准之间的关系，课程评价应充分考虑课程目标，根据课程目标合理设计评价指标，以便检验目标的达成程度。评价指标既要全面，又要有所侧重；既要体现对教学团队的考核，又要体现对教师个人的考核，体现教学准备、教学过程、教学效果三者的辩证统一。

4. 学生学习质量目标

1) 学习态度

学生要养成主动学习、勤动脑、多思考并与同学、老师多交流的积极的学习态度。

2) 学习过程

在学习过程中，学生要追求博学，重视思考，通过思考将知识融会贯通。学生在学习上应有较高的自觉性，能独立完成课堂作业并能对教师讲述的专业知识提出问题；在课堂上，学生要紧跟教师的思路，理解授课内容并认真做笔记，认真参与教师的课堂互动活动；在课后，学生应积极与教师交流。

3) 学习效果

学生应深入理解教师所传授的专业理论知识，具备较强的实践应用能力，符合企业要求，能够胜任专业相关岗位。

4) 道德品质

道德品质作为一种社会意识形态，是一股无形的巨大力量。学生应具备民族自尊心，能够遵守公共秩序和法律法规，爱护公共设施，虚心接受教师的教导，诚实守信，严于律己，宽以待人，团结同学，爱戴师长，取长补短，无私奉献。

5. 学校管理质量目标

教学质量是学校的生命线，是衡量一个学校的尺码。提高学校教学质量可从以下几个方面入手：

(1) 加强教师队伍建设，强化教师职业道德建设。拥有良好的教师队伍是办学的关键；师德是教育的灵魂。

(2) 抓好学生养成教育，帮助学生培养良好的学习习惯。学校要建立一套行之有效的长效机制，常抓不懈，持之以恒地帮助学生养成良好的学习习惯，提高学生的自理、自立、自制的能力。

(3) 提高教师业务能力，狠抓教育教学管理。学校应开展学习培训，组织教师进行业务培训；开展校本教研活动，每位教师都要有自己的教学研究课题，学校根据实际需要确定教学研究课题，促进教师专业成长。

(4) 强化课堂进程的管理。

(5) 完善学校管理制度，形成良好的育人氛围。制度是强化学校管理、提高教学质量的重要保障，学校应注重制度建设，用制度管理教师，做到制度管理与情理教育相结合。

(6) 细化后勤保障管理制度。学校要提升教学品质，就需要为安保、财务管理及后勤保障等部门制定对应的方针，要使学校处在一个安全且安静的环境中，以此保障师生的生命安全以及学校的财产安全不受损害。

综上所述，建立在现代教育观念基础之上的应用技术类教育教学监控与质量评价体系，以科学、系统、有针对性的原则作为指导思想，又融合了现代教育理论，从教学监控与质量评价体系的构成要素，也就是教学监控与质量评价的主体系统、客体系统、实施系统和目标系统四个方面进行框架构建，体现了应用技术类教育在人才培养方面具有实践性和技术性突出的特点。

教育教学监控与质量评价体系的构建是一项牵涉面广、内容复杂的工作，面临着理念、意识更新，以及标准制度体系不断完善和数据实时采集、开放共享等诸多困难和挑战，需要在教育教学实践中不断创新，在创新中不断反思，在反思中不断完善，在完善中不断推进质量改进，在诊断与改进中充分体现其内在价值。

参 考 文 献

[1] 蒋兰芬. 高职院校教育教学质量监控体系研究[D]. 武汉：华中师范大学，2006.

[2] 吴鼎福. 教育生态学刍议[J]. 南京师大学报，1988(3)：33-36.

[3] 郑师章. 普通生态学原理、方法和应用[M]. 上海：复旦大学出版社，1994.

[4] 吴鼎福，诸文蔚. 教育生态学[M]. 南京：江苏教育出版社，1990.

[5] 胡甲刚，叶金华，胡鹏，丁家玲. 高校教学质量监控体系构建的思考与实践[J]. 高等理科教育，2002(5)：34-37.

[6] 江涓涓. 转型背景下新建本科高校教师教学质量评价主体研究[J]. 吉林工程技术师范学院学报，2017，33(9)：14-16.

[7]　高洋. 基于 SOA 架构的教学质量监控与评价系统分析与设计[J]. 天津职业大学学报，2016，25(3)：65-69.

[8]　刘恩允，杨诚德. 高校教学质量评价体系的反思与构建[J]. 江苏高教，2004(1)：85-87.

[9]　段先华，王建华. 高等学校教学督导体系与运行机制的研究[J]. 中国大学教学，2005(10)：46-47.

[10]　蔡敏. 美国著名大学教学评价的内容特征[J]. 外国教育研究，2006(6)：25-28.

[11]　陈曦. 提升高校社会服务能力，促进大学高质量人才培养[J]. 哈尔滨学院学报，2012，33(9)：126-128.

[12]　陈玉琨. 高等教育质量保障体系概论[M]. 北京：北京师范大学出版社，2004.

[13]　李博. 构建高校内部教学质量监控与评价体系的问题与对策[J]. 辽宁经济，2016(6)：78-79.

[14]　刘恩允，杨诚德. 高校教学质量评价体系的反思与构建[J]. 江苏高教，2004(1)：85-87.

[15]　马健生. 高等教育质量保障体系的国际比较研究[M]. 北京：北京师范大学出版社，2011.

[16]　孙荃. ISO9000 在质量管理中的应用[M]. 广州：广东人民出版社，1996.

[17]　孔晓东. 全面质量管理理论与高校教学质量保障[J]. 教育评论，2009(1)：27-29.

[18]　宋增秀. 课堂教学检查方法种种[J]. 中学俄语，2006(12)：22.

[19]　王进平. 管好教学档案服务教学工作[J]. 洛阳理工学院学报(自然科学版)，2001，11(2)：64.

[20]　和震. 职业学校教学质量控制系统分析[J]. 教育与职业，2005(30)：4-6.

实 践 篇

第三章　教学监控与质量评价体系的新模式

本章主要阐述教学监控与质量评价体系如何付诸实践，包括教学监控与质量评价体系的构成及其要素分析，并从校企合作互动和管理动态优化两方面阐明了现代应用技术人才培养教育教学监控与质量评价体系的新模式。

第一节　教学监控与质量评价体系的要素分析

本节内容基于"教育生态理论"阐述教学监控与质量评价的机构及其内容，包括教学监控与质量评价体系基本要素选择、体系构建，全网式监控体系构建，监控与质量评价的基本途径、指标研究及其方案等。

一、基于"教育生态理论"的监控与质量评价机构

教学监控与质量评价机制直接影响着应用技术类院校教学管理水平和教育教学质量，全面体现着学校的教育思想、教育观念，体现着学校教育、教学的导向作用，是应用技术类院校教学管理的重要方面。因为良好的教学质量必须以严格科学的教学管理来保障，而严格科学的教学管理则必须有一套行之有效的教学质量监控体系来实施。

应用技术类院校的教学质量监控体系主要包含目标系统、组织系统、制度系统、监督系统、评估系统和信息系统六大子系统，各系统之间既相互独立，又密切相连、相互制约、共同作用。教师、学生、教学管理人员等每个主体都有着各自不同的风格、经验、特长，在教学质量、数量的特征和职业发展阶段上各不相同，即都有适合自己生存的生态位，这些生态位差异应该成为教学评价体系的基本依据。所以，在评价体系中应采用过程性评价与终结性评价相结合的方式，形成"矩阵型""互动式"的教学质量监控体系，贯穿并作用于教学全过程。

1. 教学质量监控体系基本要素的选择

对于每一所应用技术类院校来说，事实上都存在着一个"自在"的监控体系，至少包括了组织机构、一定的资源条件和正在执行的一套工作程序与监控活动等，只是体系完善程度不同而已。因此，这里所讲的监控体系的建立与健全，实质上是指从监控体系的高度，对已有的"自在"的教学质量监控体系按体系基本要素加以改造、优化和完善，将实现全过程的各项监控活动有机地协调起来，形成一个相互联系、相互制约、相互协调的有机统一体，即用基本要素优化教学质量监控体系。为此，必须做

好四个方面的工作:

1) 明确体系的监控目标

监控目标是根据培养人才目标所规定的在教学质量方面达到的预期成果。监控目标应尽可能数量化,要由上而下逐级进行目标分解,对目标实施监控的措施项目、责任者、实施时间、进度等予以细化。

2) 分配落实监控职能

学校应明确每一体系要素的控制内容与方法,把要素的内容分解细化为具体的监控活动,并得以分配和落实。监控职能如计划、组织、领导、监督、协调、教育等的再分配、再落实。除了要在各职能部门进行外,还要依照学校组织层次,逐级地向下一级层次分配,直至个人。监控职能的分配落实,必须同制度相结合,同修订和完善学校教学质量监控体系文件相结合,通过编写各自的教学质量手册,修订与完善各项教学工作标准、管理标准、规章制度,使学校的各项监控活动标准化、法规化、程序化,即教学管理业务标准化,管理流程程序化。

3) 建立专职的教学质量监控机构

专职教学质量监控机构是学校最高行政领导在教学管理方面的参谋、助手和办事机构,负责组织、协调、检查和监督学校各有关部门及各级教学活动,是学校的教学质量监控指挥中心。学校应及时掌握监控体系的动态,组织新的协调与平衡,研究和提高监控体系的有效性。与此同时,还应设置学校、系(部)、教研室等相应的各级机构或人员(专、兼职),以形成完整的质量监控组织系统。

4) 建立一套高效灵敏的信息反馈系统

教学质量监控的全过程伴随着大量的与教学质量有关的信息流,这种信息流是监控体系的"神经系统"。教学质量监控体系的有效运转取决于教学信息的川流不息,高校需建立高效灵敏的信息反馈系统,通过教学质量信息反馈来实现其闭环自调节,进而实现高效循环。学校还应明确规定各种教学信息的传递和反馈路线、程序、方法,明确各种数据的收集与处理方法及评估技术的应用。

2. 教学监控与质量评价体系的构成与有机构建

1) 体系的基本构成

(1) 学校教务处。学校教务处是教学质量监控体系的核心,代表学校负责全校的教学运行和教学管理工作。它的主要职责是:全面负责教学管理工作,包括教学管理制度的制定、专业和课程的建设、实验室和基地建设、教学计划的制定、教学环节的安排、教学质量的评价和教学运行的监督等;同时,还要规划和推进教育教学改革。它是学校教学质量的最大责任者。

(2) 系(部)教学管理机构。它是教学质量监控体系中最直接的执行要素,教学质量监控体系的各要素的作用最终都要通过它来实施。它的主要职责是:具体执行教务处关于教学管理的具体规定,具体落实教学任务,具体组织教学运行,具体实施教学质量监督和检查工作,具体向教务处反馈教学质量信息。可以说,系(部)教学管理机构是教学质量监控体系中最基本、最具体的主体。

(3) 学校各职能部门。学校其他职能部门虽然不直接参与教学工作，但它们的工作都是为教学这一核心工作服务的，能对教学工作产生十分重要的影响，从而影响整个学校的教学质量。因而，它们必不可少地成为学校教学监控与质量评价体系的一部分。它们的重要作用是为学校教学工作提供所需的各种条件，如强有力的人力、物力和政策支持等。

(4) 学校教学督导团。它的主要职责是代表学校对教学工作进行监督、指导、参谋、沟通、评价。它以其组织的非职能性、构成的群众性、工作的超脱性等特点而区别于学校职能部门，在教学质量监控体系中的作用是不可低估的。

(5) 教学质量调查员。教学质量调查员由关心学校教学工作、自身教学能力强的一线教师担任，全校可选若干人，由校长亲自颁发聘书。他们的主要职责是：全面收集教学中的有关信息，定期或不定期向学校教务处进行书面或口头反映，由教务处汇总后向学校领导报告或作为自身进行教学管理的依据之一。因为这些信息员来自教学第一线，对教学工作有较深的了解，因而能提供最真实的信息，这对于教学管理决策具有重要价值。

(6) 教学质量信息员。教学质量信息员由学习成绩好、关心教学工作的学生担任。人员的挑选应充分考虑各系、专业、年级的平衡。同教学质量调查员一样，教学质量信息员由校(院)长、系(部)主任亲自聘任。职责与教学质量调查员相似，只是其侧重点是学生。教学活动一边是教师，一边是学生，教学质量信息员与教学质量调查员合作，就能全面地收集到教学活动的有关信息，保证学校教学决策信息畅通。

2) 体系的有机构建

(1) 监控者子系统。

监控者子系统是指高校中实施教学质量监控管理的有关机构和人员。从目前我国高等院校的实际情况看，它主要由校(院)、系(部)、室三个层次构成。

第一层次是学校教学质量监控与管理机构人员。它主要包括主管校长、校教学指导委员会以及教务处等相关机构和人员。校级教学质量监控者在整个学校质量监控中起主导作用，其中，尤以教务处的作用最为突出。它是在校长领导下，对高校教学工作进行组织和调度的职能部门，是代表学校行使全校的教学质量管理责任的专门机构，主要负责制定教学质量管理方案，抓好教学的组织安排及教学运行中的质量调控，开展经常性的质量调研，组织开展教学质量检测评估，组织教学工作的计划、总结、交流，建立健全教学质量监控工作制度，代表学校对各系(部)、各专业教学工作进行质量管理，并指导系(部)对教研室进行管理等。

第二层次是系(部)教学质量监控管理机构及人员。系(部)级质量监控者在监控者子系统中起主导作用，其主要职责是依据学校办学指导思想和教学质量管理规定，对所属专业的教学计划、各个教学环节的安排、教学检查等进行统一领导和管理，顺利组织课程的实施，开展教学质量研究及教学质量检测，总结交流经验，集中精力进行教学基础建设，并指导教研室对教学小组和教师个人的教学质量进行管理，以及对学生的学习活动实行有效管理。

第三层次是教研室(实验室)的教学质量监控管理。教研室是教学质量监控的基础，其主要职责是根据校、系(部)两级教学质量管理的目标和教学计划要求，对所属课程的各个教学环节的质量进行组织管理，编写教材讲义，审批教案，组织教师进行业务学习，开展教研活动，进行教学改革，交流教学经验，检查授课质量，反馈教学质量信息，督促检查执行教学规章制度，对学生的学习活动进行辅导及管理。另外，教师人数较多、课程类型较多的教研室可将教研室所属教师组成若干教学小组。教学小组不是一级教学组织，而是教研室便于组织和开展教学工作及教研活动的教学活动单位。

(2) 被监控者子系统。

在高校中，凡对教学质量构成影响、产生作用的一切因素都应是受控的对象。这种影响因素具有多方面、多层次、多因素的特点，主要包括了人的因素和物的因素两方面。

从影响教学质量的人的因素来看，教学活动主要是教师教、学生学、干部管的共同活动。因此，人的因素主要包括教师、学生和教学管理人员。教师在教学活动中起主导作用，是教学过程的组织者与主持者，是学生知识、能力、素质的直接引导者，不仅教学的方向、内容、方式、方法、进程由教师决定，学生的学习动机、学习方法、学习效率及能力也都直接受教师的影响和指导。教师的政治思想、道德品质、教学态度、业务水平和教学方法与艺术在很大程度上影响着人才培养的质量。学生是认知的主体，教学过程的实质是在教师引导下学生的特殊认知的发展过程，是学生将一定的外在教育内容转化为自身知识、能力、素质的过程。学生原有的基础智力水平、学习能力、学习态度和学习方法等都是影响教学质量的内在因素。教学活动离不开有效的组织和管理，教学管理人员负责组织学校的教学工作。管理者的工作态度、敬业精神、业务水平、服务思想、工作方法等对教学质量也起着重要的作用，是影响教学质量的关键因素。

影响教学质量的物的因素主要是学校为了保证教学及其管理而提供的物质条件，主要包括直接的物质因素和间接的物质因素两大类。直接的物质因素主要有教室、实验室、运动场、图书馆等场地场所和教学仪器设备、教材、图书资料等。间接的物质因素则主要是后勤服务条件，如宿舍、食堂、绿化等，这些都是维持教学活动正常运转、确保教学质量的重要条件。随着目前高校后勤服务社会化步伐的加快，后勤保障的职能正逐渐从校本部中分离出来，但在目前完全分离条件还不具备的情况下，学校仍然要对影响教学质量的直接的和间接的物质因素进行全盘考虑，统一规划，以确保教学质量不受影响。

(3) 监控活动子系统。

监控活动子系统主要指教学质量监控中，监控者对被监控者实施的监控活动以及这些活动实施的过程。它主要体现在规章制度、督导检查、评估评价和反馈调节等方面。

规章制度是教学质量监控与管理的基础，它包括了教学计划、教学大纲、学期进程计划、教学日历、课程表、学期教学总结等基本教学文件的制定，学籍成绩考核管理、实验室管理、排课与调课、教学档案管理等工作制度，以及教师和教学管理人员岗位责任制度和奖励制度、学生守则、课堂守则、课外活动规则等学生管理制度等。

督导检查是教学质量监控与管理经常采用的形式，有经常性的督导检查和定期督导检查两种。前者主要通过平时作业、测验、考试、召开座谈会、检查性听课等方式进行；后者一般有开学前的教学准备工作检查、期中教学检查和期末检查等。督导检查也可分常规教学质量督导检查和重点项目的督导检查。

评估评价是监控教学质量的有力手段。高校内部的教学质量监控一般有系(部)级教学工作评价、教研室教改教研工作评价、教学基本建设评价、教师教学质量和学生学习质量评价等。

反馈调节是通过建立有效的教学质量反馈信息渠道，及时准确地收集整理反馈得来的信息，随时调节教学工作，使其始终处于良性运行状态。这包括教师教的质量信息和学生学的质量信息，以及高校培养人才进入社会、通过用人单位来接受社会实践检验的信息。这种反馈信息除了通过教学检查、教学督导和评价以及听课获得外，还应通过建立各级信息反馈网来获得，即在校生信息网、教师信息网和毕业生信息网。

从监控活动的实施过程来看，监控活动子系统主要有大过程和小过程之分。大过程是指"招生—计划—教学—毕业"这一学生从输入到输出的全过程，它所反映的是学生在大学几年的基本成长过程，这一过程必须始终被置于教学质量的有效监控和管理之下；小过程则指一个监控管理周期，即"制订计划—运转调控—检测评估—总结提高"，一般为一个学期。

(4) 监控目标子系统。

教学质量监控与管理的目标是教学质量监控与管理希望达到的结果。建立教学质量监控与管理目标子系统是管理的基础与前提。可以说，教学质量的监控与管理工作始于目标的制定。教学工作的开展以目标为导向，教学质量检查以目标为标准，教学工作的结果按实现目标的程度来评价。

应用技术类院校的教学质量监控与管理首先应有一个能统领全局、起核心作用的总目标。这个总目标常常就是一个学校人才培养的基本质量规格，体现了不同学校的特色，为学校每一位成员所认可，是调动学校各方面积极性的全校性的教学质量奋斗目标。整个学校的教学质量监控与管理都应以此总目标为根据，以达成此目标为理想和追求。监控过程是在系统的可能监控空间中进行有目的、有方向的选择的过程。总目标的设定就起着一种方向选择与引导的作用。虽然在质量监控过程中，并不是都能在完全程度上实现总目标，但却可以努力缩小不确定性空间，从而接近理想状态。

教学质量监控与管理目标的实现是一项系统而复杂的工程，它贯穿于教学质量管理的全过程，涉及教学质量管理的各个层次和各个方面。因此，还需要根据总目标与分目标的统揽关系，对总目标进行分解，以形成纵横交错、上下贯通、关系协调的教学质量监控目标体系，以使之更具可操作性。我们主要依据全面质量管理的原理，将总目标从教学全过程、教学质量主要影响因素、教学质量保障等方面分解如下：

从教学全过程来看，学校应建立起学生从输入到输出的整个过程各主要环节的质量目标，如招生、专业教学计划、课程教学、实践环节、毕业论文(设计)等环节的分目标，它体现了全程监控的原理。例如，招生是质量管理第一环节，新生质量是保证教学质量的基础因素，必须按德、智、体全面考核、择优录取的原则，把好入口关。再如，专业教学计划是高校培养人才的基本蓝图，计划的制订从根本上决定了人才的质量规格。因此，计划制定之前必须充分调查，反复论证，以确保所制定的专业教学计划既适应社会需要，又努力体现出本校各专业的特色。

从教学质量主要影响因素来看，学校应努力建立起教师教学质量目标、学生学习质量目标和管理人员工作质量目标，这反映了全员质量监控要求。例如，从教师的教学质量目标来看，教师的教案应体现出目标明确、内容正确、方法恰当、组织良好、师生积极性高等基本要求等。

从教学质量保障来看，学校应建立起教学条件及教学保障体系的质量目标，包括教室、图书馆、运动场地、实验室、教学仪器设备、教材图书资料等的配备数量和质量标准，这反映了全方位质量监控要求。

通过以上对各子系统构成的基本分析，我们可以得出应用技术类院校教学质量监控体系的基本构成：

监控者通过一系列质量监控管理活动，引起被监控者的积极变化和避免其可能产生的消极变化，以努力实现质量监控的目标；同时，在这种目标实现的过程中，相关人员不断将反馈得来的信息进行加工处理，自主调整其活动，使监控管理活动趋于最优，最终达到既定目标，完成教学任务，提高教学质量。

3. 建立健全网络式监控体系

1) 定期教学质量过程监控

开学时进行教学状况检查。主要检查开学前的教学准备与开学后的教学秩序。检查分两条线：一是主管教学的校领导和教务处干部，二是系(部)主要负责人，分别到教室、实验室就学生到课率、教师课前准备和教学安排等进行检查，结果以"通报"形式向全校公布。

学期中进行综合教学检查。主要检查教师的课程教学质量，兼及学风、班风以及管理部门为教学服务的状况等。学校通过自查、互查、开座谈会以及填写各类调查表的形式进行全面检查，并将检查情况书面总结发至各单位，督促其做好整改工作。检查中提出的具有代表性的问题和建议需提交各主管校领导和部门进行决策。

学期末进行考核检查。期末考核是检查教师教学效果和学生学习质量的重要教学环节。抓好这一环节，不但可以促进学生系统掌握所学知识，而且对培养良好学风起着重要的推动作用。为此，学校应主要抓好以下几方面的工作：一是严格实行"考教分离"，大部分课程从试题(试卷)库抽题制卷；二是严密组织考试，严格考试纪律。全校所有课程的考试时间和地点由教务处统一安排，不得擅自更改；三是建立校领导考场巡视制度；四是编印"考试信息"，及时报道考试动态。通过这些措施，整个过程将严密有序，大大减少考试舞弊行为，考风将大为好转。

除此以外，学校还要经常进行生产实习检查。实行校、系(部)、专业三级管理，以系(部)为主的运行机制。学生实习期间，校领导、教务处和系(部)负责人应分别到各有关企业进行检查，了解实习情况，解决实习中出现的问题；同时，加强与企业的联系，积极争取企业对实习工作的支持。事实证明，实习检查对于保证实习质量、促进实习基地建设等起着良好作用。

2) 经常性随机教学质量检查

定期过程监控有一定的阶段性，不能覆盖教学的全过程。为了弥补定期过程监控的不足，及时掌握和解决日常教学上存在的问题，学校必须经常性随机进行教学质量检查。

(1) 听课检查。学校要制定关于校领导听课的制度，适当安排校领导听课，了解教学状况，加强校领导与师生间的沟通。教务处、系(部)主管教学工作负责人要把深入课堂听课作为研究教学的窗口和工作职责。教研室、研究所要以组织教师互相听课、上公开课和教学竞赛作为开展教学活动和提高教学质量的途径。

(2) 教学考评专家组督导。学校要建立教学考评专家组，聘请责任心强、教学经验丰富、教学水平高的老教师深入课堂、实验(实习、实践)教学现场，检查、监督教学过程，要经常收集教学信息，分析教学状况，总结成绩，挖掘典型，找出问题，提出改进意见；参加系(部)教学工作会议和教学活动，对教学内容、课程体系和教学方法手段的改革进行探讨，为学校制定政策提供参考意见。考评专家组必须成为学校监控教学质量、全面掌握教学一线材料不可缺少的部分。

(3) 进行电视教学点评。学校可以采用电视媒体，将教师授课现场和课后专家点评的全过程录制下来，与教师及其所在单位进行交流，达到促进教学改革、提高教学质量的目的。

3) 对优秀教学组织单元评估

(1) 优秀课程评估。教学改革的重点是教学内容、课程体系、教学方法的改革。为此，一是要制定以教学内容与课程体系、教学方法改革为重点的改革标准；二是将改革标准同教学计划的修订与实施结合起来，建立鼓励政策，通过抓优秀课程的评估带动其他课程的建设。

(2) 优秀教研室(实验室)评估。教研室(实验室)是学校组织教学、科研的基层组织，在师资培养、课程建设、提高教学质量等方面起着极其重要的作用。为了加强教研室(实验室)建设，学校应定期对教研室(实验室)进行评估，并以教学水平、教学改革与教学管理为评价的重点，通过评估促进教研室(实验室)的工作。

(3) 系(部)教学管理水平与业绩评估。学校通过对教学基本建设、教学过程管理、教学研究与改革、教学效果等方面进行评估，采取量化记分的方式，对系(部)的教学管理水平与业绩进行评估，从而推动系(部)教学管理工作，提高教学质量，实现教学管理的目标化。

4. 构建教学质量监控免疫系统

1) 影响教学质量的主要因素

教学质量是众多教学环节和教学因素综合作用的结果，并有其自身的形成过程。教学质量的影响因素，既有校内因素又有校外因素，既有主观因素又有客观因素，既有人为因素又有事为因素，既有物质因素又有精神因素，既有硬件因素又有软件因素。就学校内部来说，影响教学质量的因素主要有人的因素、物的因素和管理因素。

教学活动主要是决策者的定位、教师的教、学生的学、管理者的管的共同活动。在这个共同活动中，决策者负责执行党的教育方针、政策，确定学校的发展定位、办学理念、专业设置和人才培养目标及模式，确定教学工作远期和近期规划，确定教学和教学管理中的重大措施。决策者是教学质量最高层次的宏观决策者。

在教学过程中，教师起着主导作用。教师必须保证教学按照教学计划和教学大纲规定的目的、内容来进行。教师的学术水平、治学态度、为人师表和授课方法对教学质量起着根本性的作用。

在教学过程中，学生是主体，学生只有积极主动地参与教学，才能促进自身知识和能力的转化及素质的提高。作为教学活动的主体，学生的基础、学习态度、求知欲望、刻苦精神、学习方法等是影响学生学习质量的关键因素。

教学活动也离不开有效的组织和管理，管理者的有效管理活动是教学活动规范、有效进行的重要保障。管理者的工作态度、敬业精神、业务水平、服务思想、工作方法等对教学质量也起着至关重要的作用。

因此，影响教学质量的人的因素，主要是指教师、学生和管理者。影响教学质量的物的因素，主要是学校为保障教师传授知识和训练技能以及学生迅速大量地掌握知识、获得技能而提供的特定的物质条件。

2) 教学质量免疫系统构成要素

影响教育质量的因素既有内部因素又有外部因素。从系统的运作目的来看，应用技术类院校具有强大的提高其教学质量的动机；从系统内部要素的运作现状来看，高校都在探求如何去完善自己的内部结构因素，以提高教育质量。因此，高校有可能也有必要建立一个外部信息反馈网络的闭环系统，以自动修正教学质量偏差。借用人体生理学的一个名词，这个闭环系统可称为"教育质量免疫系统"。

(1) 应用技术类院校教育质量免疫系统的构建。按系统论的观点，一个系统分为外部因素和内部因素，而要使系统稳定，还必须引入一个能把外部因素与内部因素相连的反馈网络，使系统成为一个自适应的闭环系统，这时系统就能自动跟踪外界变化，始终使自己的输出呈最佳状态。因此，实际的应用技术教育教学监控与质量评价系统理应为内部的免疫系统和外部的质量因素的有机结合，而内部的教育质量免疫系统则是确保教育质量稳步提高的关键。

(2) 应用技术教育质量免疫系统的构成要素。建立免疫系统的目的在于能自动消除应用技术类院校根据自身条件给出的教学质量期望值与实际教育质量之间的偏差，使实际质量值尽可能地达到质量期望值。因此，免疫系统应由以下几部分组成：自我调整的教育质量观、自我适应的人才培养观、不断发展的课程体系观、不断创新的组织结构、机动灵敏的反馈网络以及灵活的自适应误差判别机制。

(3) 高素质的教师队伍。教师作为知识的占有者、创造者和传播者，其水平对教育质量起着举足轻重的作用。现在的问题在于一流的学生得不到一流的教师"传道、授业、解惑"；教师对科研的重视远远超过教学。而应用技术类院校的大部分教师还不具备"双师型"能力，从而在整体上影响了教育质量。

(4) 克服与排除影响学生发展的各种因素。学生作为教育的消费者，其身份十分特殊。一方面，作为消费者，学生是质量要求的主体，需要教育为其提供高水平的服务；另一方面，学生在学习的过程中要遵循学校和教师的要求，并且学生本人就是衡量教育教学质量高低的对象，这种双重身份决定了他们在教育教学质量研究中的重要作用。但目前普遍存在着学生入学时整体素质偏低的客观事实，又存在着高校扩招速度过快的现实，从而从总体上制约了高校特别是高职高专学校教学质量的提高。

(5) 良好的运作机制。对应用技术类院校来说，良好的结构形式、先进的管理理念同样是带动质量提高的手段。应用技术教育系统作为一个有机的组织整体，在演化过程中整体与部分间竞争与合作并存，这种俱荣俱毁的作用过程深刻影响着应用技术教育的质量。应用技术类院校有效的运作机制要使其内部诸要素处于良性状态，整体上要呈现正效应。

5. 切实保证质量监控体系的良好运作

1) 强化质量意识

21世纪是知识经济的时代。知识经济与传统的农业经济和工业经济的区别，就在于它是一种优质高效的经济，它以知识、信息为基础，以人才为本，以创新为关键。以知识经济为基础的社会的发展是可持续的。知识经济对教育，特别是对高等教育提出了深情而急切的呼唤，它对人才素质的要求更高。高等学校是培养高质量人才的专门场所，质量是高等教育的生命线。如果我们不能牢牢把握这一生命线，高等教育的发展就将误入歧途，走向它的反面。随着社会的发展以及人们要求接受高等教育愿望的日趋强烈，社会上要求加快高教发展步伐的呼声很高，高等教育大众化的步伐也迅速加快，各高校都在寻找一切有利条件，增加投入，加快校舍、设施、设备等硬件的建设，力争在规模、层次等方面做大做强。应该说，这些都是必要的。但如果我们在关注如何确保这些教学基本条件的同时忽视了对教学质量的管理，教学上不能形成严格、规范、科学的管理，培养出来的人才是"次品"或者"废品"，将不利于高等教育健康发展，大众化的进程也必将受到严重影响。这绝不是危言耸听。根据中国教育科研网的一次对1万多名大学生开展的网上问卷调查，目前有八成多的学生对教学质量不满意。因此，学校必须强化质量意识，在发展数量的同时把质量切实摆在重要的位置，并尽快建立起以质量为核心的教学管理体系，而不只是将其作为学校教学管理工作的一个方面；必须以战略家的长远眼光来看待高校的质量问题，对高等教育的质量要有危机感和使命感，并使之成为学校全体成员的共识。

2) 明确质量职责

从应用技术类院校内部而言，教学质量的监控管理是校、系(部)、教研室三级管理。这三级各自在教学质量管理中的职责是不一样的。教学质量的管理必须形成以教研室为基础、系(部)为主体、学校为主导的有效机制。其中，校级质量监控管理机构(教务处等)主要是负责制(修)定教学质量管理方案，抓好教学的组织安排及教学运行中的质量调控，开展经常性的质量调研，组织开展教学质量检测评估；积极组织教学工作计划、总结、交流会议；建立健全教学质量管理监控工作制度等。系(部)教学管理机构主要是依照学校办学指导思想具体编制系(部)专业教学计划，组织好课程的实施，开展教学质量的监控，集中精力进行教学基础建设，进行期中检查，开展教学质量检测评估，总结交流经验等。教研室对所属各门课程各教学环节进行管理，积极完成其所担负的教学任务，组织编写讲义，预定教材，审批教案，组织教师业务学习，开展教研活动，进行教学改革，抓好课程建设，组织备课试讲，总结教学经验，检查授课质量，反馈教学信息，督促检查贯彻执行教学规章制度等。

3) 形成全过程的质量监控与激励机制

教学质量是在教学全过程中逐渐形成起来的，对教学质量的监管也就必须从全过程来考虑，形成全过程的质量监控机制。这主要包括四方面。一是招生过程的质量管理。新生质量直接关系到学校的教学质量。新生的政治、学业、身心素质是保证教学质量的基础因素。因此，必须按照德、智、体全面考核、择优录取的原则，把好入口关。二是计划过程的质量管理。培养方案是培养专门人才和组织教学的主要依据，有没有一个科学的培养方案和能不能很好地执行这一方案，直接关系到教学质量的高低。因此，计划的制订必须经过充分调查和反复论证，以反映社会市场的人才需求以及本校本专业的特色。三是教学过程的质量管理。这是教学质量管理的核心，主要包括对教师教、学生学、管理人员的管理工作以及教学基本建设(如学科专业、课程、教材、实践基地)等的质量管理。四是教学辅助过程的质量管理。这主要指为教学提供物质条件的后勤教辅工作系统，包括仪器设备、图书资料、场地场所、后勤服务等。它是促使整个教学体系正常运转的基础，当某一环节或某一方面失调时，就可能成为影响教学质量的主要因素。

二、基于"教育生态理论"的监控与质量评价内容

为了认真贯彻教育部颁布的《国家中长期教育改革和发展规划纲要(2010—2020年)》中明确提出的"把提高质量作为教育改革发展的核心任务""树立科学的教育质量观""把促进人的全面发展、适应社会需要作为衡量教育质量的根本标准"等工作方针，学校应重视教育质量，提升实践教学的地位，优化教育教学监控与质量评价体系。本节基于"教育生态理论"，对教育教学质量监控与评价的内容从专业层次、课堂教学及社会服务等方面进行阐述，并对教学监控与质量评价的研究现状、必要性、基本途径、指标及方案等进行逐一分析。

1. 研究现状

基于"教育生态理论"的监控与评价体系，实质上是教育教学的质量保障。关于高等教育质量保障(保证)，学者们的界定各异，其中的代表性观点有以下几种：陈玉琨认为，"高等教育质量保障，就是根据预先制定的一系列质量标准和工作流程，要求高校全体员工发挥自身的最大潜力与自觉性，认真地实施并不断地改进教育教学计划，从而达到或超过预定的教育质量目标，一步步地达到学校总体目标的过程"。张应强、苏永建认为，现代意义的高等教育质量保障既是一种具有强烈问责取向的意识形态，也是一种技术手段，并且，它在日益理性化和专业化的同时也逐渐演化为一种权力机制。马健生将高等教育质量保障界定为"为维持和提高高等教育质量所实施的有计划、有组织、有系统的质量持续促进活动"。

关于高等教育质量保障体系的研究。早在1995年12月，潘懋元先生就在全国高等教育评价研究会上提出要建立高等教育质量保障体系。综观已有研究，对于构建高等教育质量保障体系，国内学者的观点主要可分为五种：

(1) 层次论。如骆四铭提出从观念层面、制度层面、操作层面来整体考虑构建高等教育质量保障体系，其中，观念层面是先导，制度层面是观念的物化形式，操作层面是观念的具体实施，三者缺一不可。

(2) 要素论。如樊明成将与高等教育质量保障有关的基本要素分为质量保障的目标、质量保障的主体和质量保障的过程三部分。

(3) 主体论。有学者从政府、高校与社会三个质量保障主体出发，指出高等教育质量保障需要三者发挥三种职能：一是政府的宏观质量保障职能；二是高校的质量自我保障功能；三是社会上的教育评价中介机构的质量保障职能。

(4) 内外论。有学者总结了西方高等教育质量保障体系，认为可分为内部质量保障体系与外部质量保障体系。李巧林等具体研究了外部质量保障体系的机制为组织机制(政府及社会中介机构)、目标机制、工作机制；内部质量保障体系的机制有组织机制、目标机制、工作机制和竞争激励机制。

(5) 功能论。如韩映雄从高校的基本功能，即教学、科研、服务方面来分别论述高等教育质量保障体系，并提出我国博士学位授予大学、硕士学位授予大学和学士学位授予大学、学院与专科学校所应秉持的不同的质量观。

大学中的专业划分是为学生获得一个领域的专业技能而设置的，是以社会已经形成的学科知识体系为背景，从而具有学科本位的学术性特征，该项专业技能可以通过学习基础课程和相关专业课程、参加教学实践、社会实习等活动获得。

我国现代大学迄今已经有近百年历史了，在这段历史中，通才教育和专才教育理念深深地影响着大学的专业设置。新中国成立以后的专才教育模式是20世纪50年代初期在学习苏联教育经验和院系调整中形成的，直至20世纪90年代初，我国主要实行专才教育路线，改革高等学校的专业和课程设置，国家统一制订专业的目录，规定了专业的划分方法和各专业的名称，反映了人才培养的业务范围与以后的工作方向，是人才培养的要求和规格的具体表现形式，也是进行专业评价的重要依据。现行最新的本科专业目录是1998年制订、又于1999年修订的，共设置了249种专业。

2. 必要性

桂林电子科技大学应用技术类教育教学研究课题组(以下简称"课题组")通过实地调查及文献查询，以及召开教师座谈会、师生交流会等形式，收集了大量的调查资料。从反馈信息来看，国内外专家学者针对教育教学监控与质量评价做出了大量研究，就整个应用技术教育体系而言，人才培养质量与结构难以适应经济结构调整和产业升级的要求，是目前应用技术教育与社会经济转型之间的突出矛盾。一方面，生产服务一线紧缺应用型、复合型、创新型人才；另一方面，高等教育结构性矛盾突出，毕业生就业质量低、就业难等问题尚未得到有效缓解。在大部分高校及应用技术类院校内部，依然存在着诸多理论与实践问题，诸如学校办学方向不明、人才培养质量不高、"双师型"教师队伍建设不足、学生实习实训的力度不够等一系列发展困境，尚需要通过质量标准的确定来加以引导和破解。

总的来看，应用技术类院校教育教学监控与质量评价还存在以下问题：

(1) 监控与评价制度不健全、管理不规范。

大部分应用技术类院校认为，教育教学监控与质量评价的目的在于考核教师的教学情况及学生掌握知识的情况。教学质量评价目标的偏离，导致部分院校教学质量管理工作的规范化意识有待加强，教学监控与质量评价工作制度不够健全，全员监控与评价体系也不够完善；只注重进行常规的教学监控与质量评价工作，每次检查的记录大同小异，数据缺乏科学性，评价方式单一；教学质量监控重检查、轻反馈、缺落实，导致发现的问题未能得到及时解决或解决方案落实不到位，无法实现教学质量监控的目的；更有部分院校将考核与鉴定作为整个教学质量监控的中心，忽视了过程中的问题发现与改进。

(2) 对师资队伍的监控不全面。

目前，许多应用技术类院校对教师工作的评价和考核主要依据群众民主评议和上级评议，评价手段单一，缺乏量化指标，还有部分院校未能把教师考核与教师自我发展和成长结合起来，一定程度上影响了教师的工作积极性。同时，对教师质量的监控往往集中在教师的知识结构、学历层次和职称、"双师"及培训上，教师课堂教学以外的其他素质和能力是现行的应用技术教育教学监控容易忽视的环节，尤其较少从教师的心理素质与个人修养等角度进行有效监控，而这些却是构建更加完善的职业教育教学监控体系的重要因素。

(3) 我国现阶段的专业评价中间结构，受政府和高校影响较大。

众所周知，美国联邦宪法没有赋予联邦政府管理高等教育的权力，高等教育质量保障主要通过私立的、非营利性的认证机构完成。美国的高等教育质量认证机构可谓多样，主要分为院校认证和专业认证两大类。截至目前，美国共有 19 个院校认证组织、61 个专业认证组织。21 世纪美国的专业评价逐渐融入了评价和促进质量项目，在此基础上开展新的专门认证评审过程。它允许院校专业在证明自己达到认证评判标准的同时，将更多精力投入到发展方向上。院校专业在进行传统自评的同时，可以申请对自身的变革进行评价。得到高等教育委员会的授权后，参评专业在自评过程中可关注一些对其质量提高特别关键的问题。

英国政府于 1992 年颁布《继续教育与高等教育法》，以法律形式确定经费与质量挂钩，开始了英国高等教育质量保障历史上的学科评估。为加强外部评估力量，英国成立了高等教育质量保障局，专门负责高等教育质量评估工作。不久以后，高等教育专业评估有了共同框架，包括课程设计、内容和组织，教学、学习和评价，学生的进步和成绩，对学生的支持和指导，学习资源，质量保证和促进等六大部分。从 2006 年起，院校审查每 6 年举行一次。各专业参照全国统一的《学术基本标准》，按照自身的目的、目标进行自我评估。高校的审查组也根据《学术基本标准》，对院校专业情况进行评价和评估，公开写成报告发布，较好地解决了传统意义上的自主评估缺乏基准的问题。

(4) 单一片面的评价方法影响了评价的公信力。

目前，我国应用技术类院校在评价方法的使用过程中，普遍存在的问题包括三个方面：

① 外部评价仍然以政府为主导，社会第三方评价机构介入不足，导致评价客观性受影响；自我评价形式化，应用技术类院校主动参与性不够，未转化为专业建设的自觉行动。

② 过度依赖终结性评价，导致过分关注评价结果，而不重视结果形成的原因和问题改进的措施；弱化形成性和发展性评价，使得专业评价结果不够全面具体，对专业建设及改进的促进作用有限。

③ 过分追求定量分析，强调评价客观性的同时，忽略了主观因素，影响了评价结果的全面性；定性评价认识不足、流于形式，导致专业教学效果、人才培养质量等评价不充分。

(5) 落后的评价指标体系降低了评价的实效性。

目前，我国尚未出台完整的高等教育评价指标体系，较为成型的建筑类和外语类专业评价指标体系也存在诸多缺点，如：专业评价指标体系某种程度上是教学水平评估指标的翻版，没有体现专业评价的特点；指标体系落后，不能满足专业发展的需求；注重办学条件等投入性指标，弱化人才培养质量评价；各院校自行建立专业评价体系，无统一的规范指引，亦缺少本校特色；等等。

陈玉凤等在《我国高校专业评价研究的现状与趋势》一文中，以 2004—2015 年间国内教育类核心期刊发表的高校专业评价研究相关文献为研究对象，从专业评价与专业建设关系的角度，运用内容分析法分别从文献数量、研究机构、研究者角色、研究主题和研究方法等维度进行统计分析，得到研究结果：当前我国高校专业评价研究存在着以高校内部专业评价为主、研究对象单一、重视终结性评价、依赖定量研究、基础性研究较少等问题。

(6) 评价反馈滞后，评价反馈较就业需求延迟。

目前针对专业方面的考核及评价指标单一，除了不同类别的就业数据、相关学科竞赛数据，几乎没有其他官方数据对专业教学能力、专业发展能力进行评价。针对专业方面的考核及评价明显滞后于社会需求，因为社会需求实时变化，而针对毕业生就业的专业方面的教学质量评价只有在学生毕业后才能够拿到数据，而后才能进行专业调整，这明显有 3～4 年的滞后时间，也许现在热门的、大力扶持的专业 4 年后人才已经饱和。

(7) 监控力度小、不同专业及课程缺乏对比性。

就某学校而言，目前只能够监控到师生上课质量，由于专业之间的差距，无法对作业完成质量及考核质量进行统一比对。不同专业之间虽然有些许联系，但差别比较明显，一般无法直接对比，也不能简单利用就业数据完全决定某个专业的生存发展。例如，偏向理论的高等数学课和偏向实践的社交礼仪课程，由于课程难度、考核形式及学生参与度不同，无法直接比较。而且，某些基础课程难度大，与就业无直接关系，但考虑到学生的长期发展及后续学习，也不能因此而轻视该类课程。

(8) 行政导向的专业评价制度局限了专业评价的实施。

目前，我国专业评价制度尚不完善，很大程度上限制了专业评价的实施，具体表现为：

① 行政导向性过强是根本问题。教育部颁布的专业目录对高校专业设置有直接指导作用，专业目录规定了高校自主调整专业设置的范围，未列入专业目录的专业，其发展空间受到很大局限。以此为前提的专业评价更像是专业审批，很难充分发挥其对专业发展的促进作用。

② 高校专业评价还停留在外部评价阶段。专业自评多流于形式，是为了应付外部评价，是外部评价的附属品。高校为促进专业发展而自觉进行的专业自律机制不完善，专业评价队伍缺少专业化培训，专业评价手段缺少标准化规范，专业自评积极性不高。

3. 基本途径

教育教学监控与质量评价是根据一定的教学目标和标准，通过系统地、科学地收集有关教学的信息并对其进行定量定性分析，从而对教学质量作出价值判断并为教学决策提供依据的过程。

教育教学质量监控的关键在于对教学过程的监控，教师、学生和教学管理是影响教学质量的三大关键因素。对教学过程的监控可从以下四方面入手：

1) 课堂教学监控

课堂教学监控的内容包括教师的教学态度、教学内容、教学方式、教学效果、作业批改、课后辅导与答疑，以及学生学习态度、接受能力和参与能力等九项二级指标。教学态度主要监控教师授课准备情况，如备课是否精细、教学课件是否完备；教学内容主要监控教师执行授课计划情况，如讲课内容取舍是否合理；教学方式主要监控教师教学设计的科学性、教学方法的灵活性，以及教师的情感交流是否充分、言谈举止是否得体；教学效果主要监控课堂教学是否满足学生的学习和发展需求；作业批改主要监控作业的布置与完成情况、作业反馈是否及时和是否有详细点评；课后辅导与答疑主要监控学生在课堂之外能否及时得到教师的指导和学习建议；学生的学习态度主要监控学生的学习兴趣、情感态度；接受能力主要监控学生专注听课的注意力和观察力，以及对新知识信息的理解能力；参与能力主要监控学生参与课堂教学活动的思维能力和实践能力。

2) 实践教学监控

实践教学监控包括教学实习、毕业实习、毕业设计(论文)指导等三项二级指标。教学实习和毕业实习主要监控教学计划的执行情况；毕业设计(论文)指导主要监控毕业设计(论文)的指导过程、答辩过程及论文的质量。

3) 教学管理监控

教学管理监控包括教务管理、质量监控、教研活动、考试管理、教学设施等五项二级指标。教务管理主要监控教学制度的完备及执行情况和日常教学管理运行情况；质量监控主要考察学院负责人听课情况、教学管理人员日常教学检查情况；教研活动主要监控学院、系(部)教研活动的开展情况；考试管理主要监控试题库的建设情况、试卷批改情况及考试纪律；教学设施则主要监控教学设施的正常运行情况。

4) 学风状况监控

学风状况主要包括学生到课率、学习状态、自习状况、第二课堂等四项二级指标。具体来说，这四项二级指标主要监控学生到课率、课堂纪律、学习氛围、学生自习率以及学生参与学习竞赛情况和学生课外活动情况。

应用技术类院校教育教学评价是保证教学质量的重要内容。教学评价的关键步骤为：一是评价指标体系的设计及权重的确定；二是评价信息的搜集与整理；三是评价信息的分析处理；四是价值判断的方法。

1) 权重的确定

指标体系中各指标在实现整体目标中的贡献程度用权重表示。确定权数的方法主要有专家意见平均法、秩和运算法、特尔斐法(Delphi Method)、层次分析法(Analytic Hierarchy Process，AHP)等。

2) 评价信息的搜集

评价信息的搜集是开展教学评价的前提和基础。主要方法有：

(1) 测验法：通过设置某种情景，编制一定的试题，向测试对象获取信息。

(2) 问卷法：调研者以精心设计的书面调查项目或问题向评价信息的提供者搜集信息。

(3) 访谈法：调研者通过与被调查对象进行交谈而获取有关信息。

(4) 观察法：评价者在一定时间内，对评价对象在自然状态下的特定行为表现进行观察、考察、分析，从而获得第一手事实材料。

(5) 个案研究法：为了解教育活动中某一方面的情况，评价者根据指标的要求，通过对评价对象的发展变化进行研究，以获取相关信息。

(6) 文献研究法：依靠搜集和分析记载评价对象情况的现成资料而获得所需信息。

(7) 网络法：利用计算机网络搜集和处理评价信息，并且传输各种评价信息和结论。

3) 评价信息的分析处理

(1) 统计分析法。调研者通过统计的方法，如平均数、标准差、标准分数和推断统计中的参数估计及统计检验等方法去分析和比较教学评价信息。

(2) 模糊综合评判法。它是指将模糊数学应用于教学评价的方法。教育现象的模糊性决定了模糊综合评价法在高等教育评价中受到一定的重视。

4) 价值判断的方法

"价值判断"是教学评价的关键，是以一定的价值标准为准绳，并将评价对象的表现与价值标准进行比较，从而获得评价结论。价值判断法根据价值标准的不同，分为绝对评价、相对评价和个体内差异评价。绝对评价是根据既定的客观标准，把评价对象与客观标准进行比较，从而评定其优劣。相对评价是指将评价对象与同类群体内其他对象相比较而做出评价的方法。个体内差异评价是把评价对象的过去和现在进行比较，从而做出评价的方法。

(1) 层次分析法(AHP)。

AHP 是由美国学者 T. L. Satty 提出的一种简便、灵活而又实用的多准则决策方法，AHP 首先根据问题的性质和目标分解出问题的组成因素，并按因素间的相互关系将因素层次化，形成一个层次结构模型，通过分析获得最低层因素对于最高层(总目标)的重要性权值。这一方法也被引入教育评价领域以解决权重的确定问题，它通过两两比较，区分出各级指标反映评价对象数量要求的相对重要程度，给以数值来表示判断结果，即根据 1~9 数量标度法建立各层次的判断矩阵，在满足一致性检验的条件下，用与判断矩阵最大特征根对应的特征向量(归一化后)作为该层次对于上一层元素的权重向量。

层次分析法在教育评价中有其独特的优势。它是对一些较为复杂、模糊的问题作出决策的简易方法，特别适用于那些难以完全定量分析的问题。运用其他直接评价法得到的指标重要度权重在指标间并不能形成有效的区隔，即各指标的重要度都差异不大，这样的结果不能突显出人们认为确实重要的指标，会从很大程度上掩盖了重要度较高的指标在整体中本应占有的位置。如何将这些内在的人们心理层面的重要性感知差异体现和挖掘出来，最直接有效的方法就是让其在各指标间进行一一对比，在对比中，自然便能将真正重要的指标提炼出来，而层次分析法对于重要度排序的处理过程就是基于指标间对比基础之上形成的，因此，从结果上看，也就更为客观有效。

AHP 模型多用于用线性方法进行量化综合评价时确定各价值构成要素的权重。这种评价的目的是寻求价值的结构；利用同质性原则，检验所建立的层次总排序的科学性。

(2) 文献研究法。

文献研究法主要指搜集、鉴别、整理文献，并通过对文献的研究形成对事实的科学认识的方法。一般过程包括五个基本环节：提出课题或假设、研究设计、搜集文献、整理文献和进行文献综述。

课题组以 2004—2015 年期间国内教育类核心期刊发表的高校专业评价研究相关文献为研究对象，从专业评价与专业建设关系的角度，运用内容分析法，分别从文献数量、研究机构、研究者角色、研究主题和研究方法等维度进行统计分析。研究结果显示：当前我国高校专业评价研究存在着以高校内部专业评价为主、研究对象单一、重视终结性评价、依赖定量研究、基础性研究较少等问题，但在评价主体、评价内容、评价方法、评价成果等方面有进一步深化的可能。通过对文献进行统计分析，课题组得到如下结论：

① 专业评价研究成果的数量变化与国家教育政策的变更密切相关。2004—2015 年有关高校专业评价研究的文献总量较少，每年的发文量基本是 5～10 篇，总体呈现出波动上涨的趋势。其中，专业评价研究文献数量从 2004 年开始增长，于 2008 年达到峰值后出现回落，这或与教育部在此期间对普通高等学校本科教学水平评估工作的开展直接相关；2011 年，教育部启动实施"本科教学工程"专业综合改革试点项目，旨在引导高校主动适应国家战略和地方经济社会发展需求，优化专业结构，加强专业内涵建设，在此政策影响下，专业评价研究成果数量再次增长，且增幅较大。可见，外部环境及政策变化是影响研究者关注专业评价问题的重要因素。

② 专业评价研究的视角过于单一，多从专业建设者的视角进行总结和反思，缺乏从相对独立的第三方机构的视角进行的研究。

对期刊论文作者(以第一作者为准)所在研究机构的统计结果显示，87.69%的研究成果来自本科院校，9.23%的研究成果来自高职高专院校，仅有 3.08%的研究成果来自教育管理或评估机构，暂时缺少社会第三方评价机构的研究成果。同时，由于专业评价政策和领域主要面向本科专业，对高职高专院校的专业评价工作较少涉及，因而在一定程度上造成了研究人员在本科院校和高职高专院校数量上的巨大差异。

③ 研究者角色类型的单一化。将研究者角色分为三类：一是研究人员，主要指高等院校专门从事教育研究的教师、研究生等；二是管理人员，主要指高等院校中学科专业建设带头人及其团队成员、相关职能部门的教学管理人员、督导人员等；三是其他人员，主要指高校以外的社会机构人员。对期刊论文作者的角色类别的统计结果显示，69.23%的研究成果来源于研究人员，29.23%的研究成果来源于管理人员，仅有 1.54%的研究成果来源于其他人员，且部分作者兼具研究人员和管理人员的双重身份。根据利益相关者理论，由于专业评价对不同利益相关者的利益需求及期望的满足程度不同，从而造成对不同利益相关者的影响力存在差异，这或可解释不同类型研究者对专业评价关注度的巨大差异。同时，研究者角色类型的单一化与上述研究机构类型的单一化存在着直接联系，并在一定程度上限制了我国专业评价研究的多元化发展。

专业评价包含专业人才培养目标评价、专业培养方案评价、专业培养过程评价、专业培养成果评价等。由于其内容与 CIPP 教育评价模式中的背景评价(Context)、输入评价(Input)、过程评价(Process)、成果评价(Product)等相契合，因此各类专业评价标准的设定多参照该模式，并将专业评价研究的主题分为三类，即背景评价、过程评价和成果评价。对研究主题的统计结果显示，63.08%集中于成果评价研究，21.45%为背景评价研究，18.46%为过程评价研究。成果评价研究多为对专业建设已达到水平的评价，或是通过相关经验阐释专业评价方面的重要性，或是对建设成果的简单量化比较。在背景评价研究方面，多集中于国内外对专业建设和评价方面的现状进行研究，对专业建设的各类条件性保障等缺乏深入的探讨。在过程评价研究方面，主要针对个别专业、个别学校的实施过程及专业评价指标选择的合理性进行描述讨论，较多的是对专业建设各要素进行评价分析，对在专业建设过程中的动态监控和实际影响方面的研究较少。

　　基于教育研究的主要评价方法，结合专业建设中专业目标、培养方案、教师、学生、课程、基础条件等各要素的特点，本研究将专业评价研究的研究方法归纳为经验总结、比较研究、文献研究、调查研究、评价研究、个案研究内容分析法和观察法 8 种，并对 8 种研究方法的具体内容进行阐释，如表 3-1 所示。对专业评价相关研究成果所用研究方法的统计分析显示，当前针对专业建设评价方面的研究以经验总结为主，比较研究、评价研究、文献研究、个案研究为辅，调查研究较少，内容分析法与观察法均未涉及。其中，经验总结主要针对专业建设的现状和问题进行归纳，并提出进一步的改进建议，但所得结论很少能够上升到理论的高度；比较研究主要集中于国内外专业评价的对比情况及应用技术类院校之间或院校内部不同专业之间的比较，由于比较标准和建设基准的不同，所得研究结论的科学性也有待进一步确定；评价研究则主要是对专业评价指标体系进行探讨，如专业评价内容、专业评价方法等，多借鉴其他学校或专业的评价指标体系，缺乏对自身所评专业对象的适用性研究，评价方法多依赖量化指标的形式，所得结论难以全面反映专业建设过程中存在的问题。可见，当前的研究，或着重于对专业建设现状、问题、对策等方面的定性研究，或强调利用定量方法对指标体系进行量化研究，缺乏方法的综合运用，因而难以更真实、客观地呈现我国应用技术类院校专业建设的全貌。

表 3-1　应用技术类院校专业评价的研究方法分类

研究方法	经验总结	比较研究	文献研究	调查研究	评价研究	个案研究	内容分析法	观察法
所占比例(%)	33.85	16.92	12.31	9.23	12.31	15.38	0.00	0.00

4. 指标研究

　　指标具有较高的信息浓度，并且具有应用技术类院校教育工作者基本相同的理解背景，比一般的统计数据具有更多和更有用的信息。指标体系中的指标可以分为两类：一是显示性指标，用来说明名牌专业建设的水平与成效；二是分析性指标，用来说明为什么具有这种水平和成效。构建科学、合理的名牌专业评价指标体系是进行评价的关键，同时也是非常困难的，但是寻求建立相对合理、适用的评价体系是可能的。

　　国外很早就开始了关于专业评价的研究。1906 年，美国率先在医学院开始专业评估，在之后的 40 多年里，美国绝大多数高校建立了专业评估制度。至今，发达国家多数高校建立了具有本国特色的专业评估模式。如：美国的职业性专业鉴定，主要通过私立的、非营利性的专业认证机构完成，院校专业开展传统专业自评的同时，也可以对专业变革进行评价；英国的院校审查，取消全国范围的专业评估，强调各院校定期开展自我专业评估；芬兰的专业评价模式以政府部门为主导，高等教育机构自行选择国内或国际评估标准，教学评估绩效决定政府经费拨款方式。

　　国内的专业评价工作起步较晚，1992 年，教育部首次对清华大学等 4 所高校的建筑学专业开展试点评估，1993 年国家教委高教司组织了应用化学专业评估试点工作，2006 年教育部组织了外语专业评估，2006 年本科工程专业评估工作在全国范围内展开，表明我国开始认识到专业建设在高等教育发展中的重要地位。在高职领域，专业评价是人才培养工作评估指标体系中的关注焦点，是国家示范(骨干)高职院校建设和验收工作的重点，也是高职院校专业建设发展水平的重要指标。虽然我国在专业评价方面取得了一些成绩，但综观高等教育评估工作全局，专业评价仍处于发展初级阶段。

指标制定方法及步骤：

(1) 确定并分解评价目标，具体有数量目标、结构目标、内涵目标、质量目标、水平目标。分解评价目标，通过头脑风暴法和因素分解法确定评价指标的主要要素，要素选择与设计的方法有专家会议法、专家咨询法、解剖麻雀法等。本研究采用专家会议法与专家咨询法相结合的方法。为制定好评价指标体系，将评价要素拟定以后多次召开全省高等学校教务处长等专家会议进行讨论，并向区内和国内多所大学的校长、专家进行咨询与调研。

(2) 设计评价标准。一是确定评价强度和频率。强度是指达到指标体系中各指标要求的程度或各种规范化行为的优劣程度，如达到优、良、中、差的程度；频率是指达到指标要求的数量或各种规范化的相对次数。二是确定标度。评定的档次可以是定性的，如优、良、中、差，也可以是定量的。三是确定标号。

(3) 形成评价指标体系、论证与试评。通过举行论证会与征询专家、学者及广大质量督导员的意见，对指标体系进行修正。

具体操作如下：

1) 确定并分解基于"教育生态理论"的教学监控与质量评价的目标

针对本项目实际情况，课题组将教育过程从学生角度分为入学阶段、培养阶段和毕业阶段，从这三个角度分析教育过程中的教学监控及质量评价问题。

入学阶段，主要从专业设置及学生特质两个方面出发，针对学校及学生具体要求提出各类问题，如表 3-2 所示，为指标提取提供素材。

表 3-2　入学阶段指标分析表

一级指标	二级指标	评价观测点	备注
专业设置	办学思路	1. 办学定位是否明确 2. 人才培养思路是否科学 3. 人才培养模式是否科学 4. 培养方案是否可行 5. 人才培养目标是否明确 6. 是否通过中外合作办学引进优质教学资源及先进教育模式	实施时，针对不同层次学生，其评价观测点的要求不同，权重应当有所差异
	设置依据	1. 是否进行充分的校内外调研 2. 是否对学科发展进行了科学的预测 3. 是否与地方需求紧密结合，对接地方产业链 4. 是否体现学校专业优势及办学特色 5. 是否有企业行家、专家的参与 6. 是否有专业持续改进机制 7. 课程、教学大纲、教学计划、教学方法等与人才培养目标的匹配度	

续表一

一级指标	二级指标	评 价 观 测 点	备 注
专业设置	专业特色	1. 是否服务于地方海洋经济及社会发展 2. 是否突出海洋信息建设 3. 是否紧密结合 IT 行业经济发展和技术进步 4. 是否以就业为导向，以能力培养为核心，培养高素质应用技术人才 5. 是否根据学生特点及行业发展动态进行多层次、分方向培养 6. 是否在人才培养模式，课程体系设计，教学方式方法，考核方式方法等方面体现多层次、分方向培养的特色 7. 是否在实验、实训、实习内容、实习方式、实习管理等方面体现多层次、分方向培养的特色 8. 是否突出教学团队建设、毕业生就业等方面的特色	
	领导作用	1. 各级领导班子是否具有较强的教育教学管理能力 2. 是否重视教学质量，并落实相应的政策与措施 3. 是否建立并完善内部教学质量保障体系 4. 各级教学管理人员责任是否明确	
	培养目标	1. 是否突出工程应用能力的培养 2. 是否注重工程专业能力的培养 3. 是否强化学生动手能力、实践能力及适应能力 4. 是否突出培养学生的职业能力及创新创业能力 5. 是否注重学生身心全面发展 6. 是否具有针对性 7. 是否符合学校定位，适应社会经济发展需要 8. 是否进行必要的定期评价修订 9. 是否有行业或企业专家的有效参与	
	培养规格	1. 是否具有弹性学制 2. 授予工学学士学位 3. 最低总学时及总学分要求	实施时，针对不同层次学生，其评价观测点的要求不同，权重应当有所差异
	师资队伍	1. 师生比是否合理 2. 双师型教师比重 3. 教师职称队伍是否合理 4. 教师学缘结构是否合理 5. 教师年龄结构是否合理 6. 教师知识结构是否合理 7. 是否聘用企业专家、行家教学 8. 专业教师是否具有实际项目开发和管理经验 9. 教师是否具备相应的师德水平、教学能力和科研能力 10. 教师是否具备先进的教学理念 11. 教师的教学投入	

一级指标	二级指标	评价观测点	备注
专业设置	教学保障	1. 是否具备相应的教学设施(教室、实验室及实验设备等) 2. 是否配备相应的实验技术人员 3. 校企合作共建的实训基地数量 4. 是否配备充分的课程资源及学习场所 5. 校园网及网络资源建设情况 6. 教学经费是否充足 7. 是否具有创新创业实践指导机构、基地等平台	
	课程体系	1. 各类型课程比例是否恰当 2. 课程设置是否恰当 3. 课程结构是否合理 4. 课程衔接是否合理 5. 是否具备完善的理论、实践教学体系 6. 课程体系的设置是否有企业、行业专家参与	
学生特质	专业匹配	1. 是否对自己的专业感兴趣 2. 是否了解自己的专业 3. 是否具备一定的专业基础(理论/实践) 4. 是否有与专业相符的理想职位	
	学习能力	1. 是否具有自学能力 2. 是否具有钻研精神 3. 是否主动学习和查阅与专业相关的文献资料 4. 是否具有主动解决问题的能力 5. 过往经历中是否获得各类奖励及资格证书	
	职业倾向	1. 是否对专业培养计划认识到位 2. 是否在培养计划架构下制订学习计划 3. 是否清楚自己的职业兴趣、职业价值观、优劣势 4. 是否对职业环境认知取得较为理性的认识 5. 是否面向组织职业供给(企业组织、事业单位、政府机关、社会团体、自主劳动单位以及研究生报考等)确立自身发展定位 6. 是否结合个体的自我认知和职业环境认知进行行业、职位和职务梳理，确立自己的职业定位(开发、技术支持、产品营销等)	
	综合能力	1. 交际、沟通、组织、协调能力如何 2. 是否经常参加文体活动及各项比赛 2. 是否经常参加社会实践活动 4. 是否具有较强的创新创造能力	

培养阶段，主要从教学管理、校企合作等方面分析教育教学过程中的具体问题，培养

阶段指标分析表如表 3-3 所示。

表 3-3　培养阶段指标分析表

一级指标	二级指标	评 价 观 测 点
教学管理	制度建设	1. 是否有教育教学委员会(教授委员会)构成的管理决策机制 2. 各项规章制度是否围绕应用型人才培养目标制定 3. 考、评、奖等有关机制是否有利于应用型人才培养目标的实现 4. 各项制度建设是否有利于教学工作顺利开展 5. 是否有明确的教学规章制度，规范教学行为 6. 是否具有完善的教学质量标准体系，对教学各个环节都有明确的质量要求 7. 是否定期进行课程体系设置和教学质量评价 8. 是否建立健全的教学过程监控机制 9. 是否建立健全的教学过程质量监控信息反馈体系 10. 是否建立健全的教学质量改进体系 11. 是否建立教学质量激励体系
	教学质量管理	1. 教学模式是否与应用型人才培养相匹配 2. 教学方法是否有利于提高学生学习积极性与主动性 3. 是否开展多种实验实训教学及系统实验，增强学生的动手能力 4. 是否安排学生去企业实习，获得工程经验 5. 是否进行教学改革，改进教学质量 6. 是否开设第二课堂，并体现应用性、实践性及创新性 7. 毕业实习与学生就业的关联度 8. 毕业实习与学生专业的关联度 9. 毕业实习是否有利于学生应用型素质的提高 10. 毕业论文设计与专业实践结合的关联度 11. 毕业论文设计与就业岗位的关联度 12. 毕业论文设计是否有利于培养学生的工程意识、协作精神及综合利用所学知识解决实际问题的能力
校企合作	教学资源建设	1. 校企合作数量 2. 校企合作师资数量 3. 校企合作实验实训基地数量 4. 企业实习基地开放情况 5. 校企合作开发课程数量 6. 校企合作编写教材数量 7. 企业为学校提供的奖(助)学金状况

一级指标	二级指标	评 价 观 测 点
校企合作	合作育人过程	1. 校企合作资源共享制度 2. 企业参与修订人才培养方案 3. 校企合作实习实训情况 4. 校企共同研发项目数量 5. 教学/学生在企业培训次数 6. 企业员工在学校培训次数
	合作效益	1. 学生就业情况 2. 专业提升情况 3. 师资提升情况
	企业素质	1. 企业社会责任感 2. 企业员工素质状况 3. 企业经营状况 4. 企业技术装备素质 5. 企业文化素质

毕业阶段，根据学生的基本能力素质、专业能力素质和职业综合素质进行测评，分析教育教学的成果，如表 3-4 所示，为教育评价提供关键依据。

表 3-4　毕业阶段指标分析表

一级指标	二级指标	评 价 观 测 点	备注
基本能力素质	外语熟练程度	1. 校内英语基础课程考试是否及格 2. CET 4 考试通过率 3. CET 6 考试通过率 4. 能否具有国际视野和国际交流能力 5. 能否读懂专业英语文献及产品说明书 6. 能否用英语撰写专业论文摘要	实施时，针对不同层次学生，其评价观测点的要求不同，权重应当有所差异
	人文、自然科学掌握程度	1. 是否掌握了人文、自然科学等课程且考试是否合格 2. 是否具有较好的人文社科知识和人文素质 3. 是否具有良好的思想道德修养，具备基本的法律法规常识 4. 是否具备良好的思想品德和职业道德	
	文献检索、资料查询能力	1. 是否掌握了文献检索、资料查询的基本方法 2. 是否具有独立调研、综合分析能力和科研能力	
	身心健康状况	1. 是否具有良好的身体素质 2. 是否能胜任快节奏、多变化的相关工作 3. 是否具备积极、乐观的思想及生活态度 4. 是否具有较强的心理适应能力和承受挫折的能力	

续表一

一级指标	二级指标	评 价 观 测 点	备注
专业能力素质	专业理论基础	1. 是否掌握程序设计、数据库原理与应用、数据结构与算法、操作系统原理、计算机网络等专业基础知识体系 2. 是否理解计算学科的基本概念、知识结构、典型方法 3. 是否具备建立数字化、算法、模块化与层次化等核心专业意识 4. 是否具备以下三个能力之一 5. 是否具备进行网络研究、应用、维护、测试和开发的理论基础 6. 是否具备进行软件研究、应用、维护、测试和开发的理论基础 7. 是否具备进行嵌入式研究、应用、维护、测试和开发的理论基础 8. 是否具有能指导实践的专业理论基础	
	实践能力	1. 是否具备以下三个能力之一 2. 是否具备进行网络研究、应用、维护、测试和开发的实践技能 3. 是否具备进行软件研究、应用、维护、测试和开发的实践技能 4. 是否具备进行嵌入式研究、应用、维护、测试和开发的实践技能 5. 是否具有较强的计算机操作能力 6. 是否具备社会实践能力 7. 是否具备创业实践能力	
	专业综合应用能力	1. 是否具有较强的提出问题、分析问题及解决问题的能力 2. 是否具备掌握解决工程问题的先进技术方法和现代技术手段 3. 是否具有较强的工程实践能力和技术创新能力 4. 是否具有一定的外语应用能力和团队沟通与协作能力 5. 是否具备专业拓展能力 6. 是否具备科研创新能力	实施时，针对不同层次学生，其评价观测点的要求不同，权重应当有所差异
职业综合素质	职业适应能力	1. 在实际工作中能否将所掌握的专业知识融会贯通，运用起来得心应手 2. 对职业是否有较强的驾驭能力和自信心，并能很快进入角色	
	业务拓展能力	1. 是否具有敏锐的市场意识和良好的社会交往能力 2. 是否具有百折不挠的职业作风和快速应变、理性分析的综合能力	
	知识更新能力	1. 是否具有获取新知识、运用新知识的能力 2. 是否善于根据工作需要获取新知识，提升自身综合素质 3. 是否善于在工作中寻找规律并做到举一反三、触类旁通	
	组织协调能力	1. 是否善于进行全方位沟通和资源整合 2. 是否善于带领团队协同作战 3. 是否具备决策和执行能力	

一级指标	二级指标	评价观测点	备注
职业综合素质	创新创业能力	1. 是否在校、省、国家级各项科技、专业竞赛和创新活动中获奖 2. 参与大学生创新项目的数量，是否获奖 3. 是否申请过专利 4. 是否参与教师科技课题并发表科技论文 5. 是否参与过企业项目研发、产品设计、技术革新等活动	

2) 设计基于"教育生态理论"的教学监控与质量评价的标准

首先需要确定评价指标权数，主要使用特尔菲法和层次分析法。

(1) 特尔菲法(Delphi Method)，又称"特尔菲专家调查法"，是 20 世纪 50 年代初由美国兰德公司戈登(T.Gordon)和赫尔默(D.Helmer)提出的一种专家咨询方法。这种方法是找一组专家(一般是 1~50 人)，以分发问题表的形式向有关专家咨询，这些专家以"背靠背"的方式接受咨询，第一批调查表返回后进行统计处理，并立即将总体应答情况，如平均数、各权数区域的频数等反馈给专家，然后由专家考虑这一情况，自由决定是否修改自己的观点。评价者再进行适当的数学处理，即可得出每个指标的权重。

(2) 层次分析法(Analytic Hierarchy Process，AHP)。根据系统论的观点，任何复杂的事物都具有一定的层次，系统的层次是系统的稳定性和连续性的重要保证，也是系统发挥最佳功能的前提条件，由此，对系统层次的分析显得尤为重要。主要是通过对评价指标分层次进行两两对偶比较，排列出各项指标的重要程度的优先顺序，然后计算判断矩阵的最大特征值所对应的特征向量，从而决定各指标的权数值。

在遵循教育规律的前提下，评价更多的是实践的过程。评价的关键要素之一在于是否可获取全面、准确的数据信息。在实践上可否操作、能否表达所要测评的要素。基于实际操作的考虑，我们提出了教育教学监控与质量评价的实践指标体系，如表 3-5、表 3-6 所示。根据对名牌专业影响的因素，选取目标定位、专业设置、课程体系、师资队伍、实践教学、信息反馈等 6 项为一级指标，人才培养定位、学科专业定位等 22 项为二级指标(如表 3-6)。测度值分为 9、7、5、3、1 五级。评价流程为：从条件、过程到效果，并进行反馈。

表 3-5　影响教学监控与质量评价的主要因素的权重情况

序号	一级指标	极为重要	重要	一般	不重要	极不重要
A	目标定位	9	7	5	3	1
B	专业设置	9	7	5	3	1
C	课程体系	9	7	5	3	1
D	师资队伍	9	7	5	3	1
E	实践教学	9	7	5	3	1
F	信息反馈	9	7	5	3	1

表 3-6 教学监控与质量评价待筛选指标集

一级指标	序号	二级指标	极为重要	重要	一般	不重要	极不重要
目标定位	A1	人才培养定位	9	7	5	3	1
	A2	学科专业定位	9	7	5	3	1
	A3	师资队伍定位	9	7	5	3	1
	A4	教学模式定位	9	7	5	3	1
	A5	服务面向定位	9	7	5	3	1
专业设置	B1	市场需求	9	7	5	3	1
	B2	发展趋势	9	7	5	3	1
课程体系	C1	课程理念	9	7	5	3	1
	C2	课程改革	9	7	5	3	1
	C3	教材建设	9	7	5	3	1
师资队伍	D1	师资队伍结构	9		5	3	1
	D2	师资培训力度	9	7	5	3	1
	D3	教学方法改革	9	7	5	3	1
实践教学	E1	实践教学比重	9	7	5	3	1
	E2	校内实验室建设	9	7	5	3	1
	E3	实践教学基地建设	9	7	5	3	1
	E4	实践与教学的结合度	9	7	5	3	1
信息反馈	F1	校内信息反馈	9	7	5	3	1
	F2	教学督导	9		5	3	1
	F3	政府主管部门	9	7	5	3	1
	F4	用人单位	9	7	5	3	1
	F5	毕业生跟踪调查	9	7	5	3	1

3) 形成基于"教育生态理论"的教学监控与质量评价的指标体系

课题组通过分析采集到的院校专业对其教育教学监控与质量评价体系打分的数据,得出各指标权重计算结果,如图 3-1 所示。

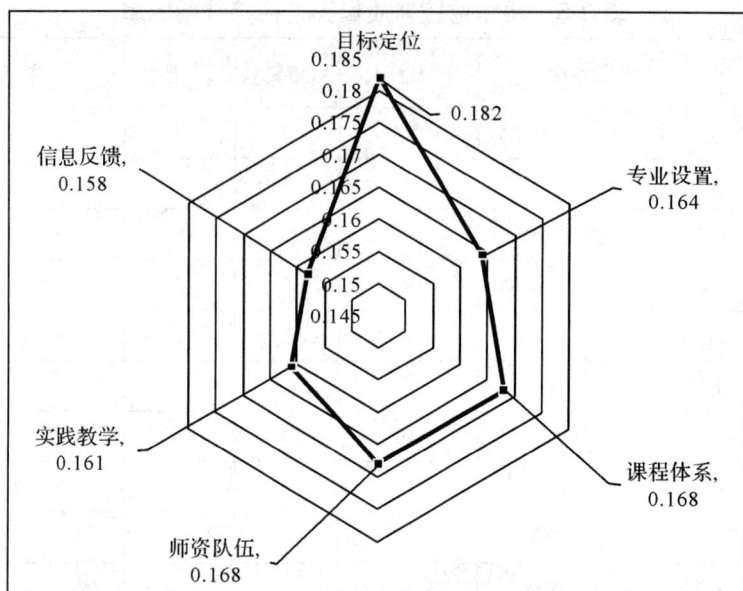

图 3-1　广西区内应用技术教育教学监控与质量评价的一级指标权重情况

　　关于广西区内应用技术教育教学监控与质量评价指标体系的设置，"目标定位"占比18.2%，"师资队伍"和"课程体系"监控与评价占比均为16.8%，"专业设置"占比16.4%，"实践教学"监控与评价占比16.1%，"信息反馈"占比15.8%。调研发现，各高校对于信息反馈重视不足。

　　课题组细化其二级指标分析，各院校对教育教学的"目标定位""专业设置""课程体系"监控与评价、"师资队伍"监控与评价、"实践教学"监控与评价和"信息反馈"中涉及的各项指标是权重情况，调查结果如图3-2～图3-7所示。

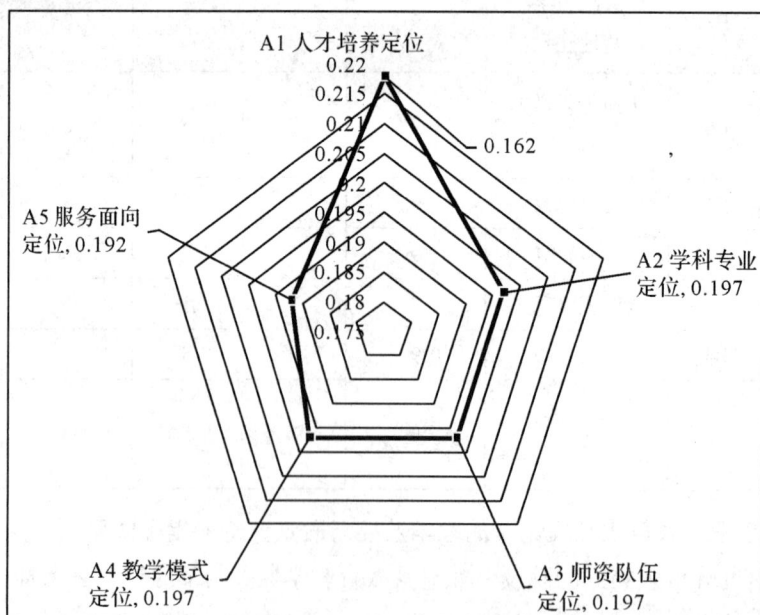

图 3-2　"目标定位"下的二级指标权重情况

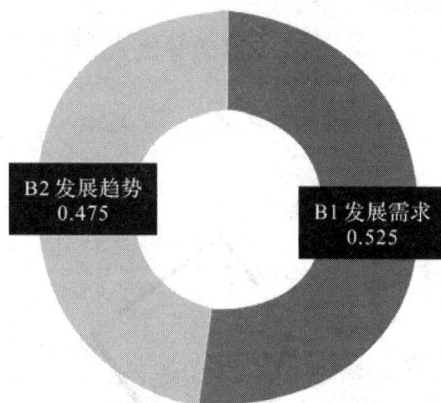

图 3-3　"专业设置"下的二级指标权重情况

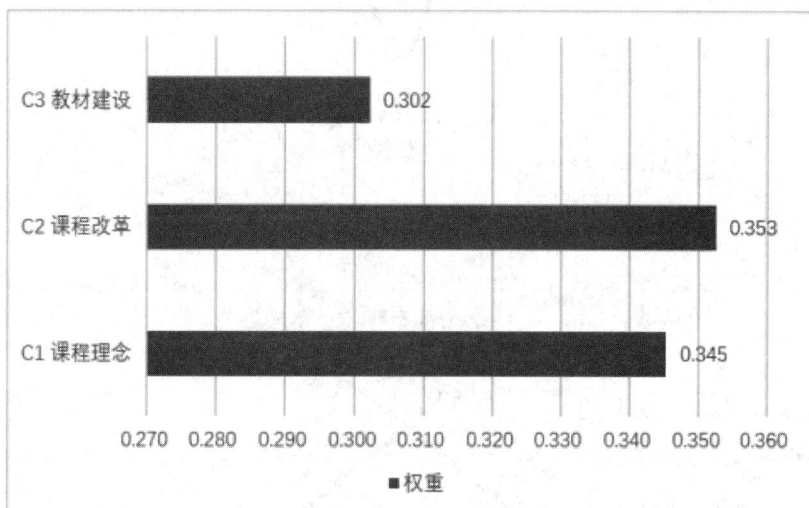

图 3-4　"课程体系"监控与评价的二级指标权重情况

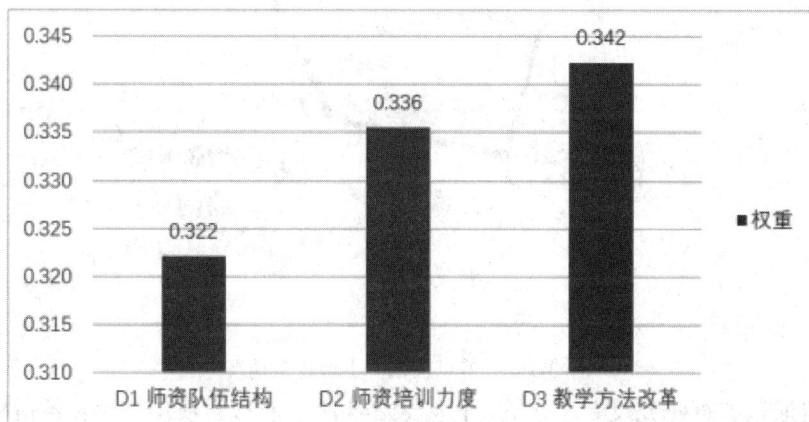

图 3-5　"师资队伍"监控与评价的二级指标权重情况

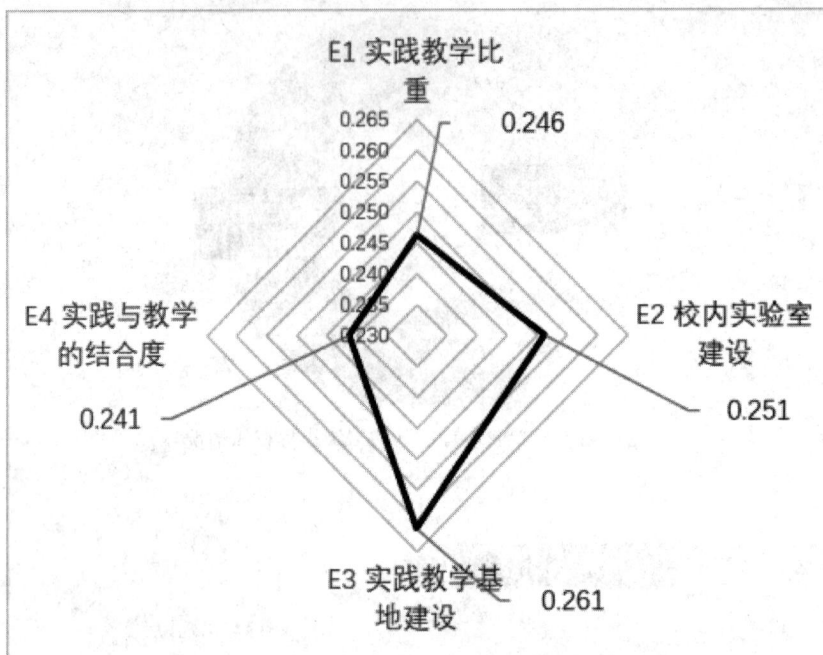

图 3-6　"实践教学"监控与评价的权重情况

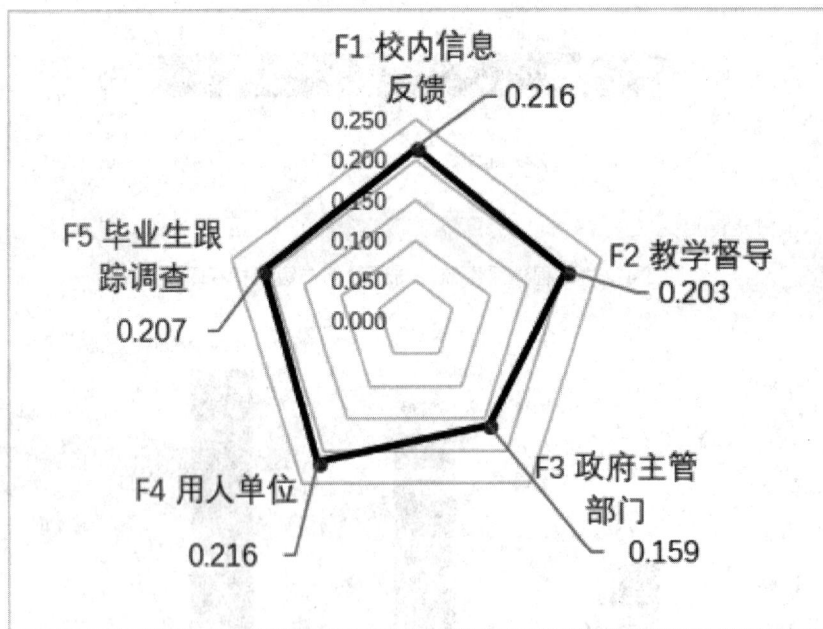

图 3-7　"信息反馈"主体权重情况

　　课题组通过调查研究及专家分析，得到表 3-7 所示的教学质量评价表各指标权重值，通过不同权重值的设定，决定各因素在评价结果中所起影响作用的大小程度。权重最大的两个指标"目标定位"及"实践教学"，正说明了我们在办学过程中深入贯彻现代教育理念以及在教学实践中实施现代应用技术教育的核心思想。

表3-7　教学质量评价表各指标权重值

一级指标	权重	二级指标	序号	权重
目标定位	0.25	人才培养定位	A1	0.08
		学科专业定位	A2	0.05
		师资队伍定位	A3	0.03
		教学模式定位	A4	0.04
		服务面向定位	A5	0.06
专业设置	0.10	市场需求	B1	0.07
		发展趋势	B2	0.03
课程体系	0.15	课程理念	C1	0.06
		课程改革	C2	0.06
		教材建设	C3	0.03
师资队伍	0.15	师资队伍结构	D1	0.02
		师资培训力度	D2	0.03
		教学方法改革	D3	0.10
实践教学	0.20	实践教学比重	E1	0.07
		校内实验室建设	E2	0.03
		实践教学基地建设	E3	0.06
		实践与教学的结合度	E4	0.04
信息反馈	0.15	校内信息反馈	F1	0.05
		教学督导	F2	0.02
		政府主管部门	F3	0.01
		用人单位	F4	0.05
		毕业生跟踪调查	F5	0.02

5. 教学监控与质量评价方案

教学质量监控就是在教学质量评价的基础上，通过一定的组织机构，按照一定的程序，进行积极认真的规划、评价、反馈和调节，以确保学校的教学工作按计划进行，并达到学校教学质量目标的过程。因此，本节主要讨论教育教学质量评价方案。

教学监控与质量评价专家组首先进行评价信息的收集，然后对信息进行整理、鉴定、分析、综合，形成评价结论，并反馈给被评价者。张远增按照开展评价之前有无具体的价值形态作为评价的先行组织者(标准)，将评价方法分为四类：

一是质化评价方法，以社会科学的研究方法为工具，建立价值形态作为评价标准的评价方法，目的是发现新价值；

二是量化评价方法，以数学和自然科学的研究方法为工具，建立价值形态作为评价标准的评价方法，目的是发现新价值；

三是质化后评价，将已建立的价值形态作为评价标准，并建立价值形态的描述性模型，从而评价对象的价值，目的是证实价值，它是传统意义上的定性评价方法；

四是量化后评价，将已建立的价值形态作为评价标准，并建立价值形态的确定性模型的评价方法，目的是证实价值，它是传统意义上的定量评价方法。

我们可以看出，定性评价与质化评价既有共同点又有区别，都是借助于文字材料、行为表现、产出的实物状态来表述评价对象，反对用数学化的方法处理所收集的作为评价对象等价物的文字材料、行为表现及其产出的实物状态。其区别是定性评价有价值先行组织者，而质化评价则没有。定量评价与量化评价也有联系和区别，二者都借助于量性数据进行评价，但区别是定量评价也有价值先行组织者。量化评价与质化评价紧密相连，量化评价总在有意无意地使用质化评价的结果，但定量评价只使用量化评价的结果。量化评价的需要可产生多个评价介入点开始评价，而定量评价的需要只产生一个评价介入点；量化评价带有主观色彩，而定量评价带有客观色彩。

定量评价与量化评价都从不同的角度利用数学模型，主要有确定性数学模型、随机性数学模型和模糊数学模型，三种数学模型适用于不同的评价活动对数学技术的要求。对于确定性数学模型，有线性规划的方法、DEA(数据包络分析)方法、AHP方法等；对于随机性数学模型，有回归模型、因素分析模型、聚类分析模型、齐次马尔科夫链模型等；对于模糊数学模型，有模糊综合评判模型、模糊积分模型、灰色模型等。

对于定性材料，用定性的方法进行分析、归纳，而对于数据、定量材料则使用定量的方法进行统计分析。在学科专业评价中，既要运用确定性数学模型，也要运用随机性数学模型、模糊数学模型，在不同的情况下运用不同的数学模型。

1) 累加求和法

这是一种将一些同质、等距的观察值相加求其总和的方法，亦即把评价对象在各项指标中的实际得分累加起来，其总分就是评价对象的综合评定值。其计算公式为

$$S = \sum_{i=1}^{n} X_i \, (i = 1, 2, ..., n)$$

其中：S 为综合评定值；X_i 为各指标的观测值或得分值；n 为各指标评定值的项数；Σ 为求和符号。

2) 加权求和法

在评价中，评价指标体系中的各个指标的权重可能一致，也可能不一致，加权就是按各指标重要性的程度，给予一定的权数。加权求和法就是用各分项指标评定值乘以相应的权重，然后将它们相加求和。其计算公式为

$$S = \sum_{i=1}^{n} W_i X_i \, (i = 1, 2, ..., n)$$

其中：S 为综合评定值；X_i 为某一分项指标的权值；W_i 为相应某一分项指标的权重。

3) 因子分析法

因子分析法的具体思想是根据按事先假定评定指标收集的数据，对这些假定指标的独

立性进行分析，并通过建立在统计意义上独立的主因子替代事先假定的评价指标，然后计算各评价对象的主因子上的得分(相当于将主因子作为评价指标时，评价对象所得的评价值)，最后，按对各评价对象的主因子得分加权和值的大小进行排序，即可得到全体评价对象的排名。

因子分析模型：设有 n 个评价对象，m 个评价指标，第 i 个评价对象在第 J 指标上的评价值为 Z_{iJ}，有 p 个主因子(公共因子)记为 f_1，f_2，…，f_p，主因子 f_1 在第 J 个评价对象上的表现记为 F_{1J}，他们在主因子上的得分记为 A_{1J}，第 i 个评价对象的特殊因子在 Z_{1J} 的表现为 E_{1J}。为方便表述，记 $Z=(Z_{1J})N\times M$，$A=(A_{1J})N\times P$，$F=(F_{1J})P\times M$，$E=(E_{1J})N\times M$，则可得含 p 个主因子的因子模型：$Z=AF+E$，习惯上，称 A 的元素为因子负载，F 的元素为主因子或公共因子，E 的元素为特殊因子。

第二节 教学监控与质量评价体系的新模式

课题组调研及走访广西区内外多所应用技术类院校，并查阅这些学校最近几年的人才培养质量年度报告，调查显示，目前应用技术类院校的教学监控与质量评价一般是由学校相关主管部门来推进，行业企业能给出指导性意见的仅限于人才的培养目标和定位。无论是教学质量监控、教学质量评价内容和指标体系，还是具体的评价流程和方式，无不是由学校主管部门来主导，企业鲜有参与。但是现代应用技术类院校培养出的人才质量如何，最有发言权的却是企业。比如，毕业生到企业工作后表现如何，企业最看重毕业生的能力素质是什么，企业接收毕业生时重点考虑的是什么因素。现代应用技术类院校人才培养以就业为导向，以上这些都需要进行基于深度互动耦合的校企合作。总之，学校按照行业企业对人才的规格要求来培养学生，企业在人才质量评价方面就有话语权，依照企业考核标准来进行教学质量评价，行业企业作为终端需求方，必须是监控体系主体之一，只有进行毕业生整体质量、就业率和企业满意度的评估，才能有真正的可信度，并且教学监控与质量评价后的及时整改是关键，是整个监控与质量评价环节的意义所在。因此，本课题提出了现代应用技术类人才培养的新模式：企业参与教学环节(校企互动耦合模式)和管理动态优化模式。

一、企业参与教学环节(校企互动耦合模式)

关于现代应用技术人才培养的校企互动耦合理论框架，有以下解释：互动即校企双方为完成共同的任务及达成一致的目标而发生的共同行为和过程，主要目的是在现代应用技术人才培养教育中校企合作创新机制，具体体现为建立校企协同育人新机制(联合制定培养标准、构建课程体系、构建教育教学监控与质量评价体系等)、共建实习实训基地、共建众创空间、共建校企文化互动平台等；耦合是一个物理学概念，概括地说是指两个或两个以上的事物之间如果存在一种相互作用、相互影响的关系，那么这种关系就称"耦合关系"。校企双方主体之间既然有互动，则必然会互补兼容、相互促进，共同创新校企合作机制，具体表现为学校与企业的知识系统、管理系统、文化价值系统的碰撞、互补和兼容。教学监控与质量评价体系的互动耦合模式即校企共担和内外一体全程多点系统性管理。

1. 校企共担

校企共担的前提是学校与企业资源、信息共享"双赢",可建立校企合作委员会,利用学校的学科集群和多学科交叉、联合攻关的优势,与企业工程化实施的优势结合,解决企业、行业及重要技术领域的重大问题,将学生的在校学习与企业实践相结合,培养大批量高素质技能型人才,同时力求建立相互融合的校企合作关系,推进学校与企业建立更系统、更密切、更持久的战略合作关系,促进校企共同发展,服务地方经济社会发展。

目前,大多数校企合作存在的主要问题有:

(1) 缺乏政府主导和行业协会协调。

(2) 学校和企业未能建立长久稳固的合作关系,忽视互利共赢的多方合作。

(3) 大部分企业与职业学校的合作仅仅停留在表面,没有进行实际意义上的深度合作。

(4) 校企双方均无办公经费投入,校企合作流于形式。

因此,校企合作最重要的一点是需要政府主导,行业协会协调,学校与企业建立校企合作委员会,形成长久稳固的深度合作关系,遵循自愿协商、优势互补、利益共享、过程共管、责任共担的原则。校企合作委员会的人员组成结构要合理,委员可分别由行业协会、企业和学校的相关部门负责人、企业核心员工和学校骨干教师担任。来自企业和学校的委员职责分工要明确,校企双方均应有经费投入,由企业参与委员会的管理,充分发挥企业的主体作用,主要工作为协调校企共建、教师到企业进修与培训、学生到企业实习与就业、师生成果孵化、共同实施教学质量评价等,作为校企之间沟通的桥梁,主动为企业提供服务,实现学校和企业之间无缝对接。

企业参与学校教学监控与质量评价体系的建设是校企共担的重要组成部分,是一项系统工程,需要与学校一起对办学思想、办学软硬件条件、师资队伍、生源等多项因素做一个综合的评估,并全程参与到教学活动、教学管理和毕业生就业情况的监控中,从而对教学质量进行判断,最终为教学管理和质量提升提供决策依据。

以桂林电子科技大学海洋信息工程学院为例,其与60多家企业签订了校企合作协议,与龙头企业共同制定培养方案,设计课程体系。2015—2017年邀请企业家来做技术讲座共100多场,邀请企业工程师进驻课堂授课累计超过2000课时。

2. 校内外全程多点系统性管理

在现代应用技术人才培养教育中,行业企业参与教学监控与质量评价体系的建设,最重要的一点是校企融合,企业参与到教学的全过程中,实行全程多点系统性管理。校企合作委员会从制定人才培养目标、设计培养方案、制定课程标准开始,到教学设计、教学实施、校内实训、企业实训、毕业设计、顶岗实习、就业等环节,进行全程监控和质量评价,每一个环节所出现的问题均及时反馈到校企合作委员会,形成一个监控与质量评价的"闭环"系统。其中,企业对毕业生就业环节的监控和质量评价是这个闭环系统中最重要的一环,根据这个监控和质量评价结果进行的信息反馈,可以直接影响到之前每一个环节的改进,如图3-8所示。

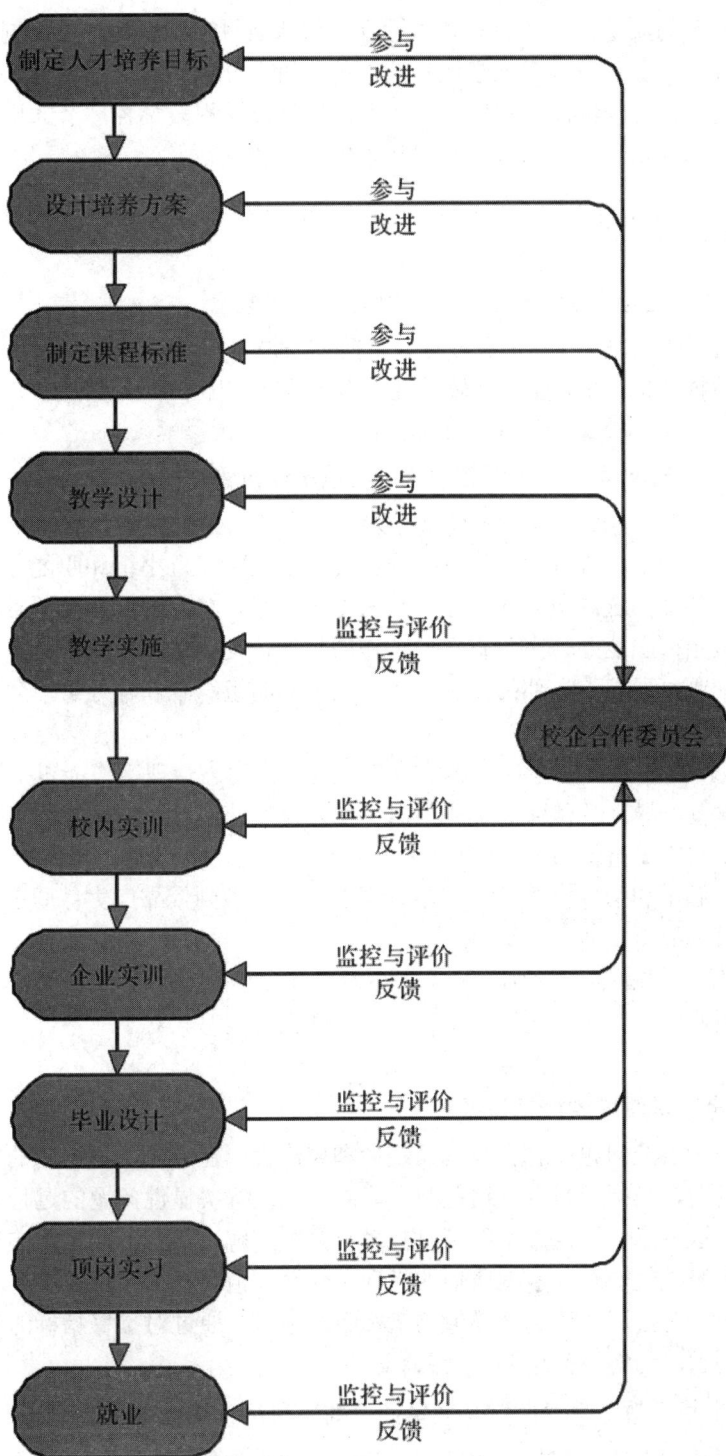

图 3-8　全程多点网络化管理

现代应用技术人才培养院校依托校企合作委员会运行机制，通过对企业岗位能力的深度剖析，确立人才培养目标及质量标准。校企合作共同构建以就业为导向的人才培养方案，完善和实施各环节的质量标准，建立教学运行各环节质量控制流程和相关制度，完善人才培养质量保障体系，重点通过对教学运行的过程分析，分解人才培养过程以及课程教学各环节的质量监控点，进一步补充完善人才培养过程以及课程教学各环节的质量监控点以及评价体系指标，形成常规化的监控与质量评价的运行模式。

二、管理动态优化模式

1. 教育教学监控与质量评价管理动态优化模式的概念

所谓"管理动态优化"，就是在教育教学监控与质量评价过程中，通过对各个监控点评价信息进行数据分析，对学校整个教学过程实施的所有环节的手段进行实时优化、调整、修改和补充的一种管理模式。具体操作如下：

1) 成立发现与解决问题的教育教学监控与质量评价管理机构

(1) 成立组织机构。比如成立以校领导为首的实施问题动态管理的校企合作委员会，对问题动态管理实施过程进行组织领导。委员会下设提案审查小组和职能办公室。提案审查小组会由学校各部门选派负责人及企业有关专家参加，对学校教育教学质量进行实时监控与定期评价鉴定；职能办公室负责各项工作的具体管理，包括检查、监督、评比和奖励工作。各部门主要负责人为本部门问题动态管理活动的组织者和辅导员，全面负责本部门实施问题动态管理工作。

(2) 落实工作责任。实施教育教学监控与质量评价动态管理工作能否推展开，能否持久，关键在于学校领导。学校应规定各部门负责人为实施问题动态管理的第一责任人，院系领导、专业负责人是直接责任人，各级领导带头学习有关管理实施的相关文件和制度，对所在部门的教职工加强危机管理、问题管理的教育，做到依靠广大教职工，群策群力，确保问题动态管理取得实效。

(3) 强化部门协作。各部门围绕提升教育教学质量监控这个目标，立足本部门，认真查找问题，分析原因，对问题的反馈迅速组织实施应对策略。对于非本部门的问题，也应在实施过程中给予支持，密切配合。

2) 建立教育教学质量监控预警系统

教育教学质量监控问题的存在具有系统性和层次性，在解决主要问题的同时，会产生一系列的关联问题，必须及时发现这些问题。同时，在解决显性问题的过程中，往往存在许多隐性问题，这些隐性问题如不能及时被发现并得到解决，将会严重影响教学质量。因此需建立问题预警系统，对各系统监控的指标设立警界值，根据岗位职责，由责任人员定期报告监测情况，对接近或达到警界值的指标随时报告，通过对预警指标的监控，及时发现问题、分析问题，为解决问题铺平道路。

2. 建立一个基于教育教学监控与质量评价的信息系统平台

传统的应用技术人才培养教育教学监控与质量评价管理存在的问题如下：

(1) 缺乏科学的教育教学监控与质量评价信息系统平台，信息搜集不完整、不全面，从而影响评价结果的准确性、客观性和公正性。

(2) 缺乏预警系统，评价信息反馈不及时，或者相关专业人员收到反馈信息后未及时处理，出现的质量问题未及时得到解决。

管理动态优化模式的关键是建立一个基于"互联网+"和"大数据"的教育教学监控与质量评价信息系统平台，对海量数据进行分析、挖掘和整合，发掘出能真实反映教学质量状况的信息。该平台集成教学质量监控点、评价体系以及教学信息反馈，对教学质量各执行环节实施有效的监督、控制和评价，通过各种途径采集信息、传递信息、处理信息和反馈信息，同时建立预警机制，对各教学环节中存在的教学质量问题或可能出现的重大教学事故予以及时发现、及时反馈，以便学校及时组织相关专业人员进行会诊，找出问题所在，分析评估问题产生的原因，及时整改，从而实现教学质量问题早发现、早解决，逐步提高教学质量。

监控点包括培养方案设计、课程标准制定、教学设计实施、校内实训、企业实训、顶岗实习、毕业设计、就业等。评价主体包括教师、学生、教学管理人员、企业，具体有学生对教师的评价、教学管理人员对教师的评价、教师同行之间的互评、教师自评、教师对学生的评价、企业对学生的评价、学生之间互评、学生自评、学生和教师对教学管理人员的评价、教学管理人员自评等。评价主体之间的关系如图3-9所示。

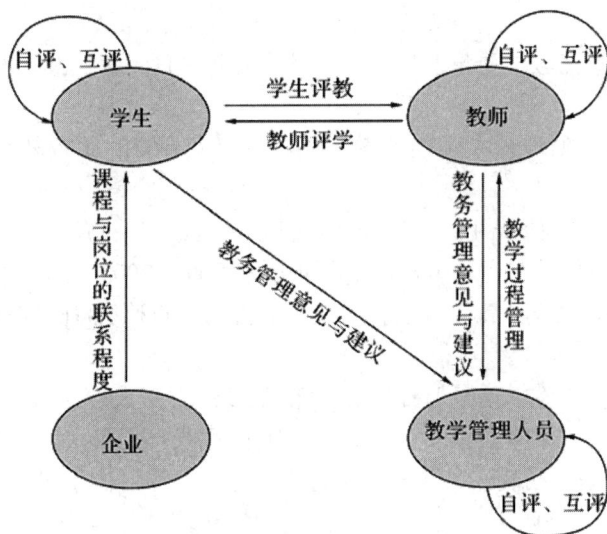

图 3-9 评价主体之间的关系

教学信息反馈系统由学生教学信息反馈、教师教学信息反馈、企业教学信息反馈和企业人才培养质量反馈等构成，为校企合作委员会和学校行政管理部门的决策提供信息支撑，为校内院系的教学提供反馈。

整个教育教学监控与质量评价信息系统平台形成一个"监控—评价—反馈—改进—提高—再监控—再评价"的"闭环"管理动态优化系统。

参 考 文 献

[1] 曹大文. 教学质量保障体系及其建设[J]. 中国高教研究，2002(9)：49-50.

[2] 左清. 加强高等教育教学质量省级监控[J]. 中国高等教育，2004(7)：21-23.

[3]　(美)约翰·布伦南，特拉·沙赫. 高等教育质量管理——一个关于高等院校评估和改革的国际性观点[M]. 陆爱华，等译. 上海：华东师范大学出版社，2005.

[4]　刘锦泉. 高等教育评估政策论[M]. 长春：吉林大学出版社，2000.

[5]　吴志宏，冯大鸣，魏志春. 新编教育管理学[M]. 上海：华东师范大学出版社，2000.

[6]　王楠. 信息时代高校教学质量监控平台建设探索[J]. 科技展望，2015(29)：276.

[7]　赵绥生，赵居礼. 构建高职高专全方位教学质量监控评价的主体和客体[J]. 九江职业技术学院学报，2002，18(1)：1-6.

[8]　王前新，卢红学. 高职教育教学质量构建机制与保障体系[J]. 职业技术教育，2003，24(1)：24-26.

[9]　贾宇明，王利红. 建立高等职业教育质量标准及评价指标体系的思考[J]. 中国电子教育，2001(Z1)：11-16.

[10]　惠红梅. 欧盟职业教育评价体系及其对我国职业教育的借鉴[J]. 教育与职业，2014(11)：121-122.

[11]　任君庆，苏志刚. 高等职业教育的质量标准和质量观[J]. 职业技术教育，2003，24(25)：12-15.

[12]　胡秀锦. 高职高专教学质量监控和评价的几点思考[J]. 职业技术教育，2003，24(34)：30-32.

[13]　熊华军，岳芩. 斯坦福大学创业教育的内涵及启示[J]. 比较教育研究，2011(11)：67-71.

[14]　王晓江，祝西莹，张普礼，王兆奇. 高职教学质量监控与评价体系研究与实践——系(部)教学质量监控与评价办法[J]. 职业技术教育，2003，24(13)：26-28.

[15]　黄秋明，王正，龚蓓. 高等学校教学质量监控与评价研究[J]. 职业技术教育，2003，24(1)：19-23.

[16]　陈建湘. 高职高专教学质量监控概论[M]. 长沙：中南大学出版社，2006.

[17]　徐蕾. 我国应用技术型大学质量保障研究[D]. 武汉：武汉大学，2016.

[18]　陈玉琨，代蕊华，杨晓江，田圣炳. 高等教育质量保障体系概论[M]. 北京：北京师范大学出版社，2004.

[19]　张应强，苏永建. 高等教育质量保障：反思、批判与变革[J]. 教育研苑，2014(5)：19-27.

[20]　马健生. 高等教育质量保证体系的国际比较研究[M]. 北京：北京师范大学出版社，2014.

[21]　骆四铭. 大众高等教育质量保障的三个层面化[J]. 中国电力教育，2002(3)：1-4.

[22]　樊明成. 高等教育质量保障体系评述及问题辨析[J]. 黑龙江教育，2005(6)：9-11.

[23]　吴跃. 教育评估中介机构是高等教育质量保障体系的重要依托[J]. 辽宁教育研究，2004(2)：49.

[24]　李巧林，郑治祥，王章豹. 高等教育质量保障体系的研究与探微[J]. 辽宁教育研究，2003(7)：13-15.

[25]　韩映雄. 高等教育质量研究—基于利益关系人的分析[M]. 上海：上海科技教育出版社，2003.

[26] 蒋兰芬. 高职院校教育教学质量监控体系研究[D]. 武汉：华中师范大学，2006.

[27] 周从周. 财经类大学专业评价指标体系研究[D]. 北京：首都经济贸易大学，2012.

[28] 敬鸿彬，鲜耀. 校企合作视野下高职院校教学质量监控与评价机制的构建[J]. 教育与职业，2014(9)：38-40.

[29] 陈琦. 高职院校发展性专业评价指标体系建设探究[J]. 宁波教育学院学报，2016，18(3)：5-8.

[30] Council for Higher Education Accreditation(CHEA).CHEA Almanac of External Quality Review,Washington D.C.,CHEA,2001：3-5,7.

[31] Joseph C,Burke,Associates.Achieving Accountability in Higher Education.San Francisco：Jossey-Bass,2005：82-83.

[32] (英)约翰·亨利·纽曼. 大学的理想[M]. 徐辉，顾建新，何曙荣译. 杭州：浙江教育出版社，2001.

[33] 孙晓宁. 我国地方高校本科专业的评价方法问题研究[D]. 沈阳：沈阳师范大学，2014.

[34] 陈玉凤，徐睿琛，牟占军. 我国高校专业评价研究的现状与趋势[J]. 重庆高教研究，2017，5(2)：115-121.

[35] 吴雪，陈兴明. 重塑核心：我国专业评价体制建设的根本路径[J]. 中国高等教育评估，2010(4)：45-49.

[36] 于国芳，王欣. 教学监控体系的构建与实践——以湖南科技大学为例[J]. 黑龙江教育(高教研究与评估)，2012(4)：63-65.

[37] 朱泓. 高等学校教学质量评估体系的研究[D]. 大连：大连理工大学，2004.

[38] 蔡红梅. 研究型大学本科教学质量保证体系研究[D]. 武汉：华中科技大学，2014.

[39] Taylor F A，Ketcham A F，Hoffman D.Personnel Evaluation with AHP[J].Management Decision,1998,36(10)：679-685.

[40] 裴娣娜. 教育研究方法导论[M]. 合肥：安徽教育出版社，1995.

[41] 童华炜，张朝升. 以专业评估促进地方院校土建类专业建设[J]. 高等工程教育研究，2008(2)：133-136.

[42] 佘远富，王庆仁，周福才. 高校内部专业建设水平评估体系的构建与实践[J]. 高等工程教育研究，2013(5)：145-149+154.

[43] 王彤，唐卫民. 美国高等教育专业评估体系及其启示[J]. 现代教育管理，2010(10)：112-114.

[44] 孙爱东. 高校专业自主调控模式下的专业评价机制研究[J]. 黑龙江高教研究，2013(3)：44-46.

[45] 宋专茂，罗三桂. 审核评估下校内专业分类评估指标体系的整合性建构[J]. 现代教育管理，2015(5)：86-90.

[46] 汪劲松. 专业与课程评估：地方高校教学质量保障体系的建设途径初探[J]. 中国大学教学，2014(2)：61-67.

[47] 袁振国. 教育研究方法[M]. 北京：高等教育出版社，2000.

[48] 廖益. 大学学科专业评价研究[D]. 厦门：厦门大学，2007.

[49] 张远增. 高等教育评价方法研究[M]. 上海：复旦大学出版社，2002.

[50] 张远增. 因素分析在高等教育评价中的应用[J]. 中国高等教育评估, 1999(4): 34-39.

[51] 路漫漫. 校企合作背景下构建高职教学质量监控体系的思考[J]. 智库时代, 2017(14): 132-133.

第四章　新型应用技术类高等教育教学监控与质量评价保障机制

第一节　建设监控与质量评价保障机制的指导思路

普通高等教育一般以理论教学为主，实践教学课时很少，导致培养出来的大学生技术或技能应用能力比较差。而新型应用技术类高等教育主要是指近年来快速发展的应用型本科和高职院校的教育，其以理论教学为基础，重视实践教学，突出技术或技能的实际应用，培养的学生在毕业后能迅速适应工作岗位，业务能力强，受到企业和社会的认可和青睐。

对于新型应用技术类高等教育院校来说，人才培养是需要教学质量作为保障的，而教学质量需要依赖监控与质量评价来维护，维护的基础是监控与质量评价体系建设的保障机制。

一、建设监控与质量评价保障机制的指导思路

新型应用技术类高等教育教学监控与质量评价保障机制是基于国家高等教育政策的要求，依据社会和学校的反馈信息而建设的。保障机制包括教学管理保障机制、教育质量监控保障机制、信息收集反馈与质量控制保障机制，如图 4-1 所示，具体的理论依据已在第二章中有所阐明。

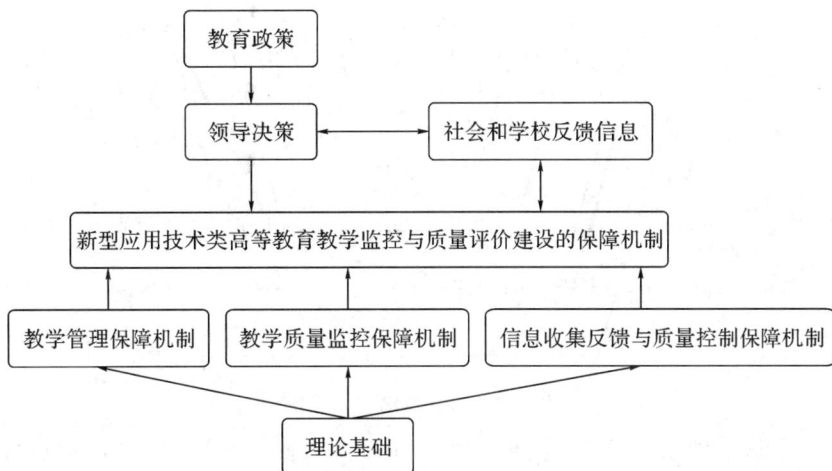

图 4-1　建设保障机制的指导思路

二、建设监控与质量评价保障机制的原则

建设应用技术类教育教学监控与质量评价保障机制，应该坚持四条原则：

(1) "依据政策，长远考虑"。高等教育主要依据国家的相关政策，紧扣社会发展的需要，为社会培养急需的应用类技术人才。考虑到人才培养在时间上有一定的滞后性，所以还要结合社会的需求和国家的宏观政策，长远考虑人才培养的教育教学监控与质量评价体系建设的保障机制。

(2) "以内为主，以外促内"。高等教育质量保障必须以学校质量控制和自我评价为主，以外部质量审核、专业认证和水平评估为辅。

(3) "分工负责，全程保障"。政府不是质量管理的唯一主体，学校和社会各相关行业作为利益关系人也是主体，对质量保障同样负有责任，同时，学校应与社会各行业、企业紧密配合，共同做好质量保障工作。

(4) "多元评价，注重反馈"。质量保障以教育评价为主要手段，推崇"同行评价更有效"，实行审批评议、自我评价、质量审核、水平评估、社会评价和数据信息发布等多种形式相结合，特别是企业、政府对人才评估信息的反馈，如图4-2所示，这也是质量保障中反馈的重要指标。

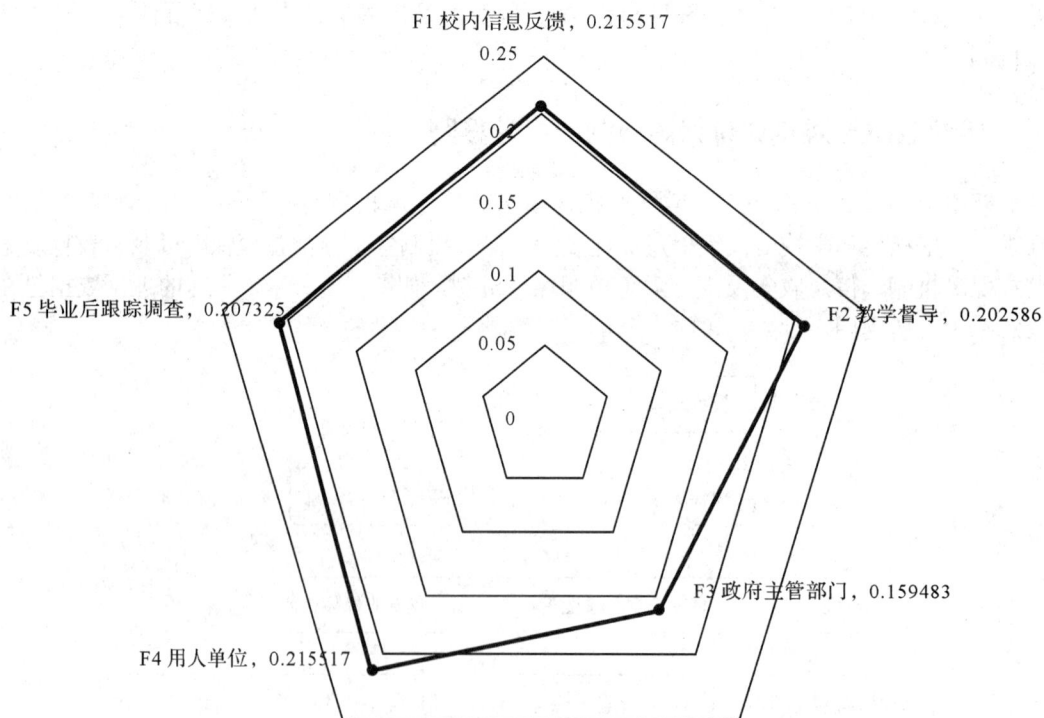

图4-2　信息反馈主体情况

多元评价的反馈信息主要来源是校内反馈信息(约 21.6%)、用人单位(企业)(约21.6%)、毕业后跟踪调查(约 20.7%)及教学督导组(约 20.3%)，而政府主管部门反馈的信息权重仅约 15.9%。

第二节 监控与质量保障机制的体系架构建设

新型应用技术类高等教育的监控与质量保障机制的建设只有不断完善,才能对人才培养目标的确定、教学环节质量标准的建立、教学质量监控、教学质量评价、信息反馈等起到有力的促进与保障作用。

一、应用技术类院校教学监控与质量保障体系架构

应用技术类院校的教学监控与质量保障体系建设坚持教学质量是学校的生命线,学校以教师为本、教学以学生为本的指导思想,以提高教育教学质量,不断深化教学改革,全面推进教育创新,构建科学、有效的教学监控与质量保障体系,教学监控与质量保障体系是对学校教学过程和教学管理过程实行全面系统地监控,并以此为核心建立起来的规范、科学的组织运行机制。教学监控与质量保障体系由教学管理保障系统、监控与质量评价系统、信息收集与反馈系统、质量控制与保障系统四个子系统构成,如图 4-3 所示。

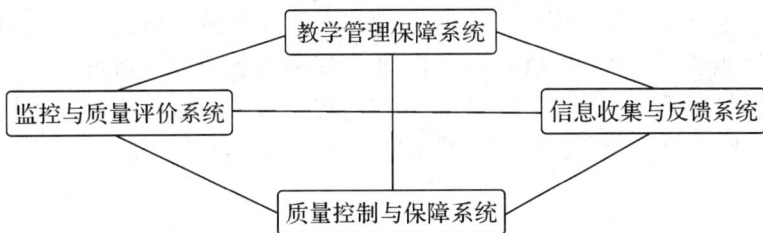

图 4-3 教学监控与质量保障体系架构

教学监控与质量保障体系架构以教学管理保障系统为核心;质量控制与保障系统是基础,它是教学管理保障系统的保障;教学管理保障系统是执行的标准,依靠监控与质量评价系统和信息收集与反馈系统来运营;监控与质量评价系统需要得到信息收集与反馈系统的支持,不断地自我更新,从而跟上时代的发展。

1. 教学管理保障系统

校党委领导下的校长负责制,由学校学术委员会、教学工作委员等行使决策指导;教务处、学工处等职能部门实施管理与协调;在分院院长、书记的带领下,依法、依规开展学科专业建设和教学班级的日常教育教学与管理工作。该系统的职能是对学校教育教学重大问题进行决策、领导;确定培养目标、培养方案,制定学校教育教学相关制度和各教学环节质量标准;对全校教育教学目标任务和过程进行全面质量管理,保证教育教学活动的正常运转;根据监控与质量评价系统和信息反馈系统提供的有效信息,对教育教学工作做出必要的调整和处理。

2. 监控与质量评价系统

该系统的职能是对教师教学过程、学生学习过程、校院两级教学管理过程和毕业

生质量等进行检查监督和评价评估；根据学校教学规章制度、教学文件、各主要教学环节的质量标准和评估方案，对学校主要教学环节进行系统、有效的监测与督查。学校监控与质量评价中心制定年度和学期工作安排，有计划地组织开展监控与质量评价工作，主要项目有：教师课堂教学质量检查与测评、学生学习质量监测；实验实训与实习环节检查与监测；考试考核以及毕业设计(论文)等主要教学环节的检查与监测；进行校内专业建设评价评估和课程建设评价评估；定期对本校和分院(部、中心)教学及教学管理工作进行检查与评价。

3. 信息收集与反馈系统

该系统行使教学信息收集和信息反馈两项功能。信息收集由监控与质量评价系统提供，包括日常教学检查、校院两级督学督导和领导干部听课、学生评教、师生座谈会、专项检查评估、校院长信箱、毕业生跟踪调查、社会和企业评价等多种教学信息。多渠道信息来源有效保证了教学质量信息的真实性和时效性。监控系统所获取的所有信息经学校质量评估中心与网络管理系统大数据分析整理，通过各种形式及时地反馈给教学指挥与管理系统，为其做出正确决策提供可靠依据；同时将有关内容反馈给教学院(部、中心)及相关部门或教师本人，为及时进行整改、纠偏提供指导意见。

4. 质量控制与保障系统

该系统由校级教学质量保障系统(包括教务处、实践教学管理中心、学工处、人事处、后勤处等职能部门)和学院(部、中心)质量保障系统组成，通过行使约束与激励机制和加强管理与服务来实现。其职能是行使管理、协调、服务与保障职责，有效落实约束与激励机制，整改处理反馈系统提出的质量问题，以进一步明晰责任、完善制度、填补漏洞。

二、应用技术类院校教学监控与质量保障体系建设的原则

中国特色的应用技术类高校是一种新型高校，其教育教学质量管理体系的建设、教学监控与质量评价队伍的建设、教学质量管理与教学检查评估系统的建设和一系列保障教学质量的规章制度的建设都处于实践探索中。因此，教学监控与质量评价保障体系的建设要结合学校的实际，采用多层次多元化的评价机制，形成"检查监测—信息收集—评价分析—信息反馈—整改控制—结果反馈—检查监测"良性循环的质量保障体系，并遵循相应的建设原则，使教学监控与质量保障体系能在更高的层面上适应并推动学校的转型与发展。

应用技术类院校教学质量保障体系建设应遵循的原则有以下几方面：

1. 方向性原则

国家对于应用技术类院校(无论公办还是民营)的教学质量标准和教学监控与质量评价指标体系均有较为完整且宏观的指导。因此，无论何种性质的应用技术类高校，都要把教育部发布的关于专业评估、教学质量评估的文件理解透彻，并体现在自身教学监控与质量评价的各项指标体系当中，要与教育部教学工作水平评估指标体系保持一致，使教学监控与质量评价成为促进教学质量稳步提升的手段。

2. 以人为本的原则

"教"和"学"是两个相对独立的个体,"教"和"学"的主体是教师和学生,教学质量监控必然是这两个特定主体所产生的行为,并运用科学的方法与手段进行必要的监控。因此,只有在得到广大师生的理解、支持和认可的前提下,在尊重两个特定主体并尽一切努力充分调动他们的积极性和主动性的基础上,教学质量监控才能得以实施。

3. 过程性原则

教学工作是学校的中心工作,教学质量则是在教学活动实施过程中形成的,应用技术类院校的质量监控力求做到"三全",即全程、全面和全员。全程是指对教师教学、学生学习的全过程的监控,突出过程监控。全面指对教师各方面工作、学生各学科学习及各项能力的监控。全员指所有教师及领导都参与的监控。教学监控与质量评价保障体系必须是针对教学的全过程实施有效的监控。

4. 可行性原则

为保证教学监控与质量评价保障体系的有效实施,应用技术类院校必须要投入足够的时间、人力、物力和财力来保证其可行性。时间上的可行是指要以较少的时间和精力完成各项监控任务,如多媒体和信息化手段等;人力、物力和财力上的可行则是指利用较少的人员和较少的经费完成各项监控任务;操作上的可行是指完成各项监控任务后参照的指标体系必须明确,可操作性强。

5. 可持续发展原则

教学监控与质量评价体系是一项复杂、动态和发展的系统工程,它会随教学活动的变化而不断变化,所以我们必须依据动态发展的观念,保持教学监控与质量评价体系的可持续发展。

第三节 质量保障机制的体系构建路径

"监"是过程,"控"是目标,制度是管理的章法,严格执行是质量保障的根本。教学质量提高的有力保证是"监"与"控"并举。制度一旦建立、一经颁布,就必须严格执行。教学情况检查也是教学监控与质量评价保障体系中最基本最常用的监督手段之一。教学情况的检查应贯穿于教学过程的始终,期间穿插举办教师、学生座谈会等形式了解情况。出现问题及时反馈和监控,及时归纳和总结,从而更好地指导和改进教学与教学管理工作。为此,我们采取全面检查、专项检查、日常检查相结合的方式。

一、健全三级监控保障制度

应用技术类高校依然要创建"专兼结合",即"学校监控+分院监控+学生信息员监控"的三级督导管理机制。由督导(教务)全面负责,统一协调管理。一般督导的负责人由教务处处长兼任。

1. 校级教学质量监控保障

由教学主管、校长、教务处和教学督导组参与的校级教学质量监控环节，主要负责在校级层面为教学质量监控提供政策保证、制度保障及过程规范，以督促、指导教学过程、教学管理与教学改革的实施。教学质量监控措施包括定期检查和随机抽查两种形式。

2. 分院教学质量监控保障

由分院院长、教学副院长、分院教学督导小组、教研室主任、课群负责人等参与的分院教学质量监控环节，主要负责在分院层面上指导教学过程、教学管理和教学改革方案的实施和落实；指导专业培养方案制订、课程教学大纲制订、课程建设、青年教师的培养等专业建设工作的实施；督促日常教学任务的完成与规范化建设；搜集、分析教师、学生对教学管理工作的意见和建议。

3. 学生参与的教学质量监控保障

由学生信息员参与专业教学质量监控环节，他们由学校不同专业、不同年级、不同班级的学生组成，主要负责从"学"的角度收集和传递教学信息，反映学生对教和学的意见和建议，及时监控和掌握教师的教学、实验、实习课程设计等教学环节的质量与效果，传递学校与教学相关的政策和精神，宣传校纪校规，并收集其他同学的意见。

在此以桂林电子科技大学职业技术学院(以下简称"职院")为例，职院比较注重学生信息员参与教学质量监控环节，出于加大学风建设、充分发挥学生主观能动性的目的，组建了学风建设管理委员会(以下简称"学建委")。学建委共安排学生 72 人(涵盖职院全部专业的学生)，指导教师 1 人，学建委设主席团、秘书部、纪检部、宣传部四个部门，受职院学工部直接领导，平均每天 10 余人查课，主要检查各系专业课学生到课率，学风建设管理委员会每周对每个班级所上课程进行抽查，抽查结果以拍照和任课教师签字确认两种方式为证。拍照检查如图 4-4 和图 4-5 所示。各系进行自查，并在每周六 22:00 前将本系周一至周五的自查数据发送给学建委。为方便开展工作，确保各系出勤率的准确性，学建委每周日将抽查数据和自查数据进行核对，并于周日 20:00 前将误差 5 人及以上的数据反馈给各系，各系于下周一 20:00 前将相关说明或证明材料交至学建委。

图 4-4　桂林电子科技大学职业技术学院学建委拍照检查专业课到课情况

图 4-5　桂林电子科技大学职业技术学院学建委拍照检查实验课到课情况

学建委的参与有力地促进了教学活动的展开，提升了教学质量，使学校的学风与之前相比有了很大转变。

二、实施"动态"全过程、全方位监控和保障

1. 课堂教学监控保障

(1) 学期初监控。每学期初，分院组织进行教学任务安排和课程表、教案、教材、教学进度安排，以及实践大纲和教学大纲的准备情况检查。

(2) 期中监控。在学期中，学校和分院重点监控教学内容、教学秩序、教风与学风和实验教学等情况，并组织学生座谈会、教师座谈会及教学情况调查。

(3) 期末监控。在期末，学校和学院督导组通过随机抽查的方式，对考试、课程论文、实训、实习、毕业论文等情况进行监控，并组织学生参加学校网上评教。

2. 实践教学监控保障

根据实践教学管理的相关内容，教务处和分院会对各个实践教学环节实施有效的监控，学校和分院督导组随机进入实验室听课或到校内实习实训基地现场，检查实验、实训、创新实践等实践教学过程，以便能及时发现实践教学各环节中存在的问题，反馈到相关教学单位，督导改进。实习教学由带队教师参与全过程，并由实习基地相关企业对学生实习情况进行评价。

3. 考试环节监控保障

考试是检验学习效果的重要环节，为提高教学质量，在每学期初，学校和分院分别对上学期的试卷进行抽查并及时反馈问题，提出整改意见，对考试命题、考试过程及成绩的评定进行监督。

(1) 考试命题监控保障。考试命题要求能够覆盖课程大纲的所有主要内容，并能区别不同水平的学生，命题教师完成难度、题量相当的两份试卷，由教研室主任审阅后交教务

处考试中心，考试中心任意抽取一份试卷作为考试卷，两份试卷重复不超过15%，要求两年内试卷的重复率不得超过30%，对于公共基础课、学科基础课实行统一命题，统一评分标准、统一阅卷，以教考分离的形式考核。

(2) 考试过程监控保障。考试前，学院组织教师和学生学习考试管理相关规定，各班召开考前动员会，开展诚信教育，签订考试承诺书。明确教师监控职责和学生考场要求，教务处负责公共基础课程、学科基础课和专业课等课程的考试时间和地点安排，分院负责考查课程的考试时间和地点安排。考试中，由学校领导、教务处和督导室、各分院分管教学和学生工作的院领导等组成的巡考小组对考试过程进行全面巡查。

(3) 成绩评定监控保障。课程考试成绩评定采用百分制或五分制记分。阅卷评分工作须在课程考完后7天内完成，任课教师须将评分结果及时录入教务管理系统。成绩录入结束后，要进行试卷分析，包括学生成绩是否符合正态分布、试卷难度、及格率、各分数段人数等各项数据，凡课程成绩出现异常时，任课教师需写明情况，分析原因提交学院。成绩一经评定，不得更改，如学生对其成绩有疑义，可提出书面申请，学院组织教师进行复查，若确有误判，按教学事故处理。

4. 毕业论文监控保障

毕业论文的监控注重过程管理，要对任务书和开题报告的编写、选题、开题、教师指导过程、学生论文质量、答辩及成绩评定、论文归档等各个环节都实施监控。

(1) 毕业论文选题监控保障。毕业论文选题一般安排在第七学期第八周，在此之前，由指导教师提交毕业论文任务书和开题报告，由专业教研室和分院进行审题，审核通过后方可列入选题计划，然后采用双向选择方式，确定学生选题。题目选定后，学生中途不得随意更改论文内容和更换指导教师。

(2) 毕业论文指导监控保障。课题选定后，学生根据任务书进度安排完成毕业论文，指导教师负责对学生进行全程指导监督，并填写毕业论文指导记录，在毕业论文工作实施过程中，学校与分院在中期、答辩时分别进行集中检查。

(3) 毕业论文答辩监控保障。毕业论文完成后，分院成立答辩委员会，下设若干答辩小组，负责具体答辩工作。答辩前，需要进行论文查重，论文重复率不得高于30%，查重合格且经指导教师同意方可进行答辩。答辩成绩由指导教师评分、评阅人评分和答辩评分三部分按4:3:3的比例组成。答辩后，按小于15%的比例进行推优，答辩不及格的学生必须进行二次答辩，若仍不及格，则延期毕业。

在对论文答辩监控保障方面，桂林电子科技大学海洋信息工程学院坚决按照桂林电子科技大学的相关文件(《桂林电子科技大学毕业设计(论文)管理条例》《桂林电子科技大学毕业设计(论文)管理条例补充规定》)的要求，对所有提交答辩的论文都要求进入全国大学生论文抄袭检测系统接受检查，对论文的文字复制比例超过50%的，认定总评成绩不合格，需要延期1年，再做一次毕业设计(论文)，符合要求才能毕业。在2018年海洋信息工程学院的毕业设计(论文)答辩前的论文抄袭检测发现，有38人的论文文字复制比例超过50%，这些同学被判定总评成绩不合格。但是这38人当中，有学生找老师求情，甚至有学生的家长也来找老师或院领导说情，希望可以改判为总评成绩合格，最后这些求情或说情都被老师和院领导拒绝了。如果没有相关文件以及相关监督作为监控保障，那么有可能会出现成绩被改动的情况。

(4) 毕业论文归档监控保障。毕业答辩结束后，学生论文一般会按毕业设计(论文)指导手册的要求被装订成册，交分院存档管理。教务处以监督方式组织校毕业论文专家组随机抽查毕业论文工作情况，抽查结果以通知形式反馈给各分院。

三、获得企业、社会和政府的认同

应用技术类院校人才培养的质量最终应由企业、社会和政府来决定。所以，学校要广泛开展毕业生的跟踪调查，把用人单位对学校毕业生的满意度作为评价学校教学质量的重要手段。同时，学校应适时组织进行第三方评价，获得企业、社会和政府的认同，维护师生利益。

部分院校还应成立毕业生质量追踪调查机构，建立起学院与用人单位及毕业生之间的信息沟通反馈机制，由用人单位从道德品质、工作态度、知识技能、创新能力、发展潜力等多方面对毕业生进行全面评价，或由第三方评价机构通过定期检查与不定期抽查，及时发现教学过程中的问题并督促院校加以整改。

总之，应用技术类院校始终要坚持以人为本、可持续发展的观念，科学有效地实施教学监控与质量评价保障体系建设，使教学质量稳步推进。

参 考 文 献

[1] 教育部，国家发展改革委，财政部. 关于引导部分地方普通本科高校向应用型转变的指导意见：教发〔2015〕7 号[A].2015-10-21.

[2] 陈晓波. 高校教学质量监控体系构建研究[D]. 南京：南京师范大学，2011.

[3] 李娟. 我国应用技术型高校内部教学质量保障体系建设刍议[J]. 决策探索，2015(5)：28.

[4] 瞿振元. 着力向课堂教学要质量[J]. 中国高教研究，2016(12)：2.

[5] 邹晓惠，陈荣泉. 高校教学质量监控与保障体系现状评述[J]. 赤峰学院学报(自然科学版)，2014(12)：178-180.

[6] 郝雪. 人才市场需求导向的应用技术大学专业设置研究[D].哈尔滨：哈尔滨理工大学，2015.

[7] 陈玉琨. 高等教育质量保障体系概论[M]. 北京：北京师范大学出版社，2004.

[8] 马健生. 高等教育质量保障体系的国际比较研究[M]. 北京：北京师范大学出版社，2011.

[9] 孙荃.ISO9000 在质量管理中的应用[M].广州：广东人民出版社，1996.

[10] 孔晓东. 全面质量管理理论与高校教学质量保障[J]. 教育评论，2009(1)：27-29.

[11] 李连科. 世界的意义——价值论[M]. 北京：人民出版社，1985.

[12] 陈曦. 提升高校社会服务能力，促进大学高质量人才培养[J]. 哈尔滨学院学报，2012(9)：126-128.

第五章　创新型软硬件平台建设

提升应用技术类院校教学管理水平，努力构建教学质量管理和监控体系，提升教学监控与质量评价体系的现代化、网络化和信息化程度，已经成为应用技术类院校教学革新的首要环节和关键步骤。本章以校园网络化建设为基础，阐述了教学监控与质量评价系统软硬件平台建设的主要内容和需要解决的关键问题，力图打造一套无缝式面向过程的动态教学监控与质量评价体系信息平台，辅助学校对教学质量进行全面的管理。

第一节　软件平台建设

随着我国高等教育教学体制改革的不断深入，尤其是"学分制"和"选课制"的实施，教务日常管理工作变得更为繁重和复杂，强大而高效的教学监控与质量评价工具就成为保证和监督教学质量的关键条件之一，而在信息技术高速发展、数字化校园建设趋于完善的今天，构建有效的网上教学监控与质量评价系统，由计算机代替人工记录评价情况、统计评价结果，不但可减轻教学管理人员繁琐的数据统计工作，更可以做到评教灵活机动、客观公正、反馈及时，使得评教不受地域、时间限制。

一、基于 Web 的教学监控与质量评价综合信息系统开发背景

近年来，随着高校规模的扩大、校区的增加以及教育体制的改革，各类高校各种教学资源信息的管理工作量大幅增加，其复杂性也在增大。尤其对于应用技术类院校而言，由于连续多年的扩招，教学师资的不足和学生数量的增加形成鲜明的对比，加大了教学和行政管理的工作量；并且教学和行政管理人员很难在短时间内相应增加。

作为一个传统的教学管理模式，大量繁琐的日常教学管理过程使学校疲于应付，难以保证教学质量，技能与教学过程监控和评价更难以保证。当前，应用技术类院校在教学质量管理和监控体系建设上存在一些突出问题，比如信息化程度不高、管理方式传统粗放、管理人员素质不高等，这些都需要在今后的工作中逐步加以解决。应用技术类院校教学监控与质量评价系统建设存在的问题包括三方面：

1. 应用技术类院校教学监控与质量评价系统建设存在的问题

1) 管理思想滞后

当前，大多数院校对于教学监控与质量评价体系建设的重视程度不足，学校管理者更愿意将大量的教学资源用在教学基础设施和教学科研上，这就导致很多高校的教学质量监

控体系建设滞后。同时，还有一部分管理者简单地认为，学校教学质量监控体系信息化就是管理手段的信息化，就是简单地建设几个网站、购置一些设备而已，忽视了监控体系内各个子系统的信息化建设，导致系统内的分析机制、决策机制、执行机制、反馈机制等无法发挥作用，严重影响了高校教学质量监控体系水平的提升。

2) 管理体系滞后

当前很多学校的教学监控与质量评价体系建设存在明显的滞后问题。其中的分析机制、决策机制、执行机制、反馈机制等各个子系统相互独立，无法构成一个有机的整体，无法对教学过程中反映出来的信息在第一时间进行收集整理和分析研判，导致教学管理监控体系运行效率不高，采集信息实效性不强，无法为决策机制提供信息支撑和数据支撑，自然导致教学过程中反馈出来的很多问题无法在第一时间内得到有效的解决，长此以往，就会积累越来越多的矛盾和问题，不利于激发教师的积极性和主动性，自然无法有效地提升教学质量。

3) 管理方式传统

当前很多学校教学管理体系运行还是主要依靠传统方式来进行，很多教学信息的收集、反馈、整理仍然依靠人工，造成管理监控体系运行效率过低，无法为学校教学质量提升管理提供必要的支持。同时，很多学校对教学质量管理与监控体系建设缺乏足够重视，在硬件设施方面没有给予足够的投入，还有一些学校虽然建设了相关的教务网络管理系统，但是在建设、管理、使用、维护等方面仍然十分滞后，加之相关管理人员的素质参差不齐，无法让这些教学网络管理系统充分发挥作用。

2. 应用技术类院校教学监控与质量评价系统建设的必要性

基于以上分析，构建一个强大而高效的教学监控与质量评价系统是保证和监督教学质量的关键工具之一。该系统能有效地提高教育教学质量监控整体的工作效率，实现响应及时的服务，简化师生办事流程，从多渠道进行教学信息收集，集中完成信息整合和转输，建立信息循环反馈系统并定期对信息进行归类分析处理，为教学质量监控提供支撑点和着力点，从而进一步强化教学过程管理，提高应用技术类院校的教学质量。因此，很有必要建立一套基于 Web 的在线教学监控与质量评价综合信息平台。

二、综合信息系统的设计思路与开发理论

应用技术类院校基于"以学校网络信息化大环境为基础，通过教学监控与质量评估综合信息系统的建设，不断完善学校教学质量标准，科学设计教学监控与评估组织体系，逐步提高教学监控与评估水平，构建教学质量监控与评估体系"的总体构建思想，依据基于网络环境的、能够对教学活动进行全程、全员、实时和动态监控与评估的教学质量监控与评估理念，根据学校监控与评估工作的需要，开发"职业教育教学监控与质量评估综合信息系统"，以下简称"综合系统"。

综合系统主要实现如下功能：

(1) 与学校现有教学管理数据库建立接口，实现学生、教师、课程的一致，保证测评

的合法有效。

(2) 评价主体多元化。由学生、教师、同行专家、信息员、领导构成评测主体，系统自动对多元评价主体给出的测评数据按课程统计、分析测评数据，并按课程、教师、系部、全校四个类别产生测评结果报表，对异常数据进行修正，保证测评结果公正、有效。

(3) 具备一定的智能分析建议功能，能自动根据测评结果就改进教师的教学行为提出合理化建议，为学校完善教学质量保障措施提供决策支持。

(4) 系统用到的所有测评数据都采用动态方式管理，可实现各项测评指标的动态修改，以适应现代教育思想、教育方法和教育技术的不断发展。

(5) 高效实时地对测评数据按需进行各种合理的统计分析，测评结果按不同权限分级显示。目前按教师、系领导、院和教务处主管领导三个级别进行分级显示。

该综合系统的开发理论是基于 B/S 开发模式，采用三层架构模型。第一层是浏览器，浏览者通过界面向 Web 提交服务请求。第二层的 Web 服务器专门用来进行请求中的事务处理，根据请求与第三层的数据库服务器进行数据交易，然后返回浏览者所需要的结果，显示在第一层的浏览器界面上，从而达到远程操作的目的。这样的架构降低了客户端程序逻辑的复杂度，减轻了后端数据库存取的负载。

三、教学监控与质量评价综合信息系统的设计与实现路径

该系统开发的工具选择为 Java、JSP、JavaScript、Html 语言，采用 Tomcat 服务器技术，后台数据库选用 SQL Server 2008。数据库连接采用的是 JDBC，连接语句写在 JavaBean 中，它是可重用组件，以后在页面中就可以引用这个 JavaBean 来连接数据库，而不用重复写连接语句，从而提高了代码效率。

1. 系统数据流分析

该系统用户分六种角色，即信息员、学生、同行专家、教师、领导、管理员。用户在使用本系统时均需要登录，登录时需要输入用户名和密码。所以设计成六个模块：信息员模块、学生模块、同行专家模块、教师模块、领导模块与管理员模块。

由于该系统主要面对的是大量监控与评估信息的提交、用户高并发的请求，这对系统性能提出了较高要求。为保证系统能满足需求，并长期、稳定地运行，完善后的界面拟实现以下功能：

(1) 处理信息的及时性。由于涉及大量用户访问，参与监控与评估的人员较多，尽量控制提交速度在用户可承受的范围内，因此，该系统要具有较好的并发响应能力。

(2) 功能提升的开放性。该系统运行在主流的 Windows 操作系统平台上，这样既便于以后系统的升级，又利于系统内部各部分之间交换信息。

(3) 系统内涵的可扩充性。这要求系统在设计过程中充分考虑到可扩充性。例如，在系统使用过程中，用户可能提出各种新的需求，这就要求系统拥有良好的可扩充性。

(4) 操作界面的友好性。此系统应提供统一的操作界面和方式。要求操作界面美观大方，布局合理，功能完善，用户容易上手。

系统数据流分析如图 5-1 所示。

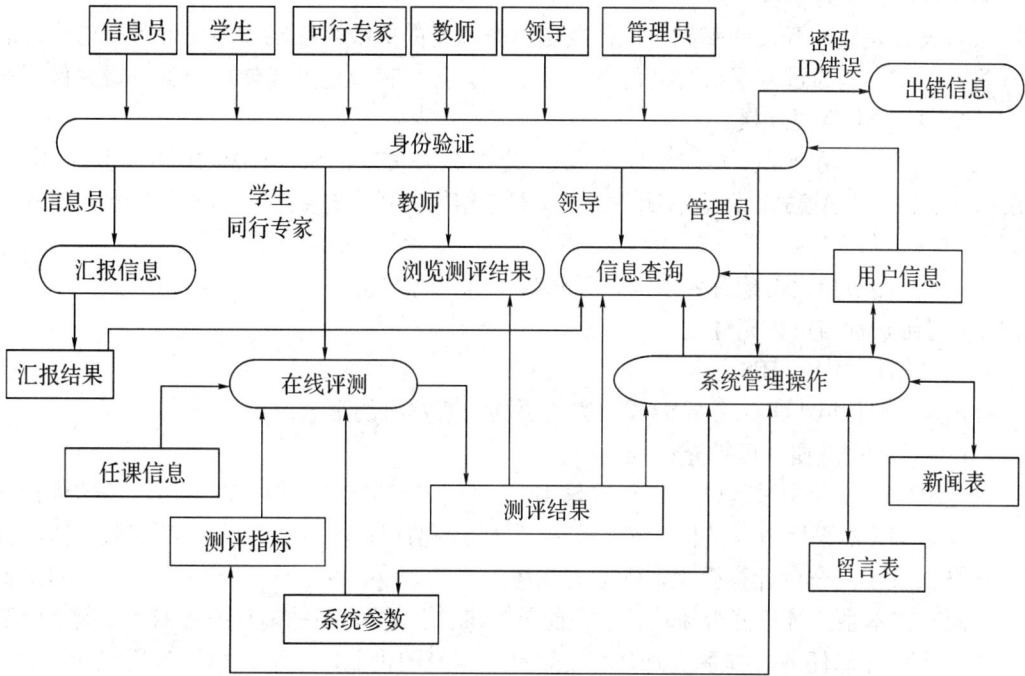

图 5-1　系统数据流

2. 系统功能模块设计

系统是基于 Java 的 Web 应用系统，采用 B/S 混合架构设计的结构模型，易于开发、维护和管理。用户界面简洁大方，能够满足不同的人员，从不同的地点，以不同的接入方式访问和操作。根据应用技术类院校教学质量监控工作流程和系统的实际需求，划分为两大模块：应用模块和系统管理模块，如图 5-2 所示。

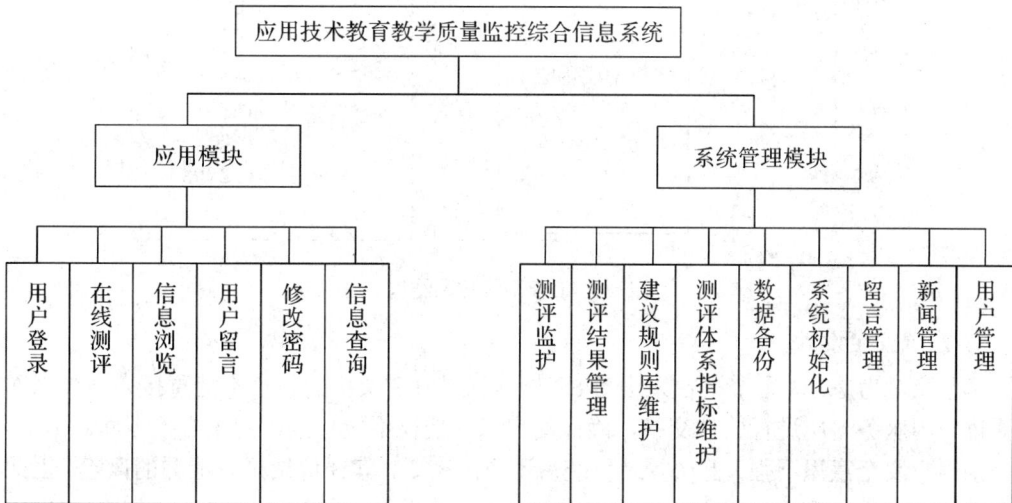

图 5-2　系统功能模块

3. 系统体系结构设计

架构设计是软件开发的基础，往往决定一个项目的成败。三层体系结构是目前流行的架构设计模式，它通过分解来管理问题的复杂性，同时有效地重复使用业务逻辑并保留与资源(如数据库)的重要连接。

信息系统的两种基本结构是两层结构的 C/S(Client/Server)模式和三层结构的 B/S(Browser/Server)模式。两者各有优缺点，C/S 结构的优点是数据的传输量较少，但其存在以下缺点：

(1) 客户端负担大，配置要求高，易形成"胖"客户机。

(2) 可维护性与可扩充性差。

与 C/S 结构相比，B/S 结构具有以下优点：

(1) 客户端负担小，配置要求低，避免"胖"客户机的形成。

(2) 系统维护方便，可扩充性强。

考虑到本系统使用过程中数据传输量不大，但客户端比较分散，对应用程序的维护和扩充要求较高，故采用 B/S 结构。鉴于实际教学资源情况，本系统可以将 Web 服务器和数据库服务器置于同一台计算机上，既节省系统设施的开支，又便于系统的综合管理和维护扩充。同时在本系统统计分析模块，一些简单的统计计算可以在 Web 服务器上实现，而对于一些繁琐的计算任务，本系统充分利用数据库自身的机制，由数据库服务器统计计算，从而避免了大量计算造成的系统瓶颈，体现了简单、快捷、准确的系统设计目标和特色。

本系统设计采用 B/S 模式，体系结构如图 5-3 所示。其特点是使用方便，对客户端的用户数目以及用户环境没有限制，客户端只需要普通的浏览器即可，对网络也无特殊要求。

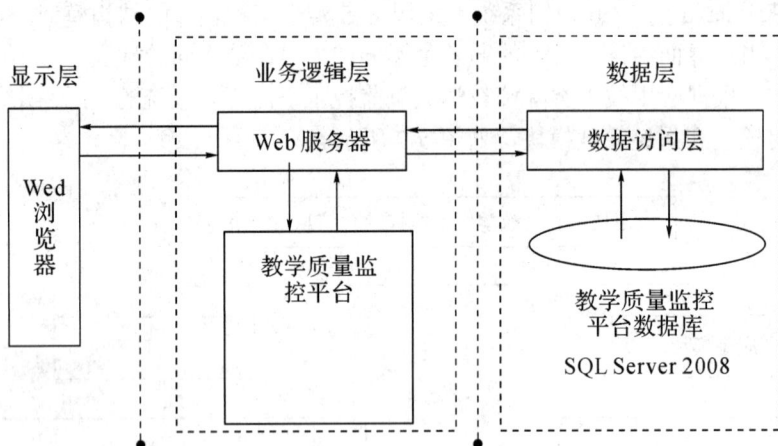

图 5-3   B/S 系统体系结构

4. 系统安全设计

基于安全考虑，本系统平台采用 B/S 架构设计。B/S 架构的用户不能直接访问数据库，是通过应用服务器层进行软件交换，确保用户未经授权不能直接访问中心数据库。由于学院个别用户安全意识不强，首次登录系统后不更改密码，其评价结果有泄漏的风险。因此，平台设计了用户评分正式提交后不能查看的功能，确保了这部分用户评价打分的隐私性和数据的安全性。此外，平台采用了严格的系统权限划分(平台菜单管理权和平台菜单数据管理范围权限),各登录用户必须进行相应的授权,才能进行操作。平台菜单管理权控制用户是否有某个功能的权限;平台菜单数据管理范围权限控制用户在这个菜单下有哪些数据的管理权。同时,系统还必须对平台的 B/S 赋权,以确保数据的安全。

另外,由于测评相关数据均属于敏感信息,需要采用一定的安全措施防止其泄露、被更改或被破坏,具体方法如下:

(1) 采用三层结构。相比于两层结构,三层结构中的数据库不能被一般用户直接访问,具有更好的数据安全性。

(2) 隐藏源代码。源代码只存在于服务器上,客户端只能看到静态的网页,看不到 JSP 源代码。同时,为了防止用户使用某些特殊命令查看源代码,可以将 HTML 文件和 JSP 文件置于不同的路径之下。

(3) 不同的模块设置不同的用户标识和用户口令,避免非授权用户非法读写数据。

第二节　硬件平台建设

应用类高校教育教学监控与质量评价体系的构建,是保障学校办学水平和人才培养质量的重要手段,是一项全方位、全程性的质量管理系统工程,这一体系的建立与运行需要人力、财力和硬件设备的大量投入。

一、硬件平台的搭建与开发

创新型教学监控与质量评价系统平台的开发,主要包括两部分:PC 端(B/S 架构)和移动终端 App(C/S 架构)的开发。基础平台开发的工作流程主要包括功能模块初步设计、详细设计、代码开发、硬件平台搭建等。

基础硬件平台的搭建采用云结构,如图 5-4 所示。

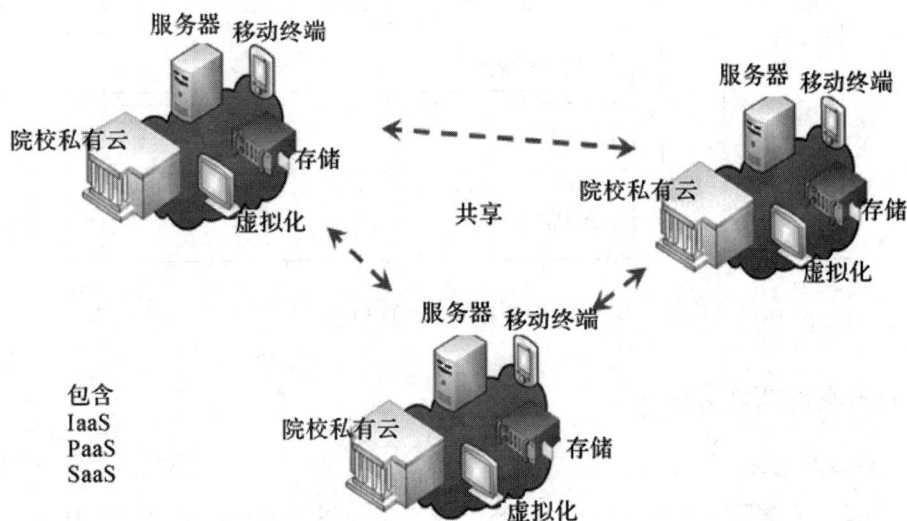

图 5-4　云结构模式的教学质量监控与评价体系硬件平台搭建

系统平台既可以运行于校区独立的服务器上，也可以采用 IaaS、PaaS 和 SaaS 三种云计算服务模式。

IaaS 是 Infrastructure-as-a-Service 的缩写，意思是"基础设施即服务"。消费者通过 Internet 可以从完善的计算机基础设施获得服务。例如 AWS，OpenStack，CloudStack 提供的虚拟机计算服务。通过互联网就可以获得有计算能力的服务器，不需要实际的服务器资源。

SaaS 是 Software-as-a-Service 的缩写，国内通常叫做"软件运营服务模式"，简称"软营模式"，提供的是软件服务，通过互联网就能直接使用这个软件应用，不需要本地安装。

PaaS 是 Platform-as-a-Service 的缩写，意思是"平台即服务"，即把服务器平台作为一种服务提供的商业模式，通过互联网就能直接使用开发平台，不需要本地安装各类的开发环境。

这三种服务之间没有必然的联系，只是三种不同的服务模式，都是基于互联网。

从用户体验角度而言，它们之间的关系是独立的，因为它们面对的是不同的用户。从技术角度而言，它们并不是简单的继承关系，因为 SaaS 可以是基于 PaaS 或者直接部署于 IaaS 之上，其次，PaaS 可以构建于 IaaS 之上，也可以直接构建在物理资源之上。它们之间的关系如图 5-5 所示。

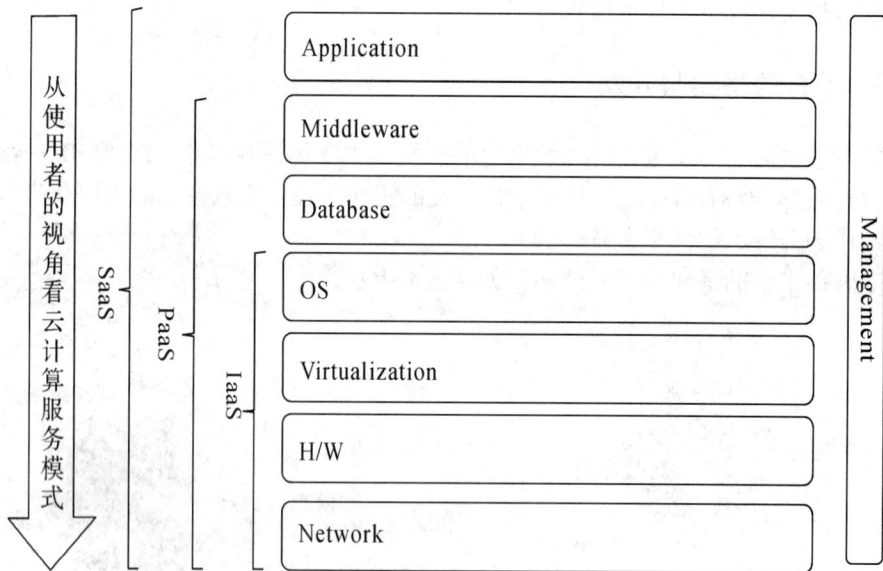

图 5-5 云计算的三种服务模式

二、云服务端的实现方法

1. 云服务器语言

传统的动态服务器端语言有 Python、JSP、PHP 等，客户端的编程语言有 Html、JavaScript、CSS 等，由于服务器端语言和客户端不同，开发者经常需要在多种语言之间切换，极大地影响了开发效率。近年来，一些高质量的开发工具和应用程序平台的推出使得 JavaScript 作为服务器端开发语言成为可能，并逐渐演变为一种趋势。服务器端使用 JavaScript 可以带来几大优势：一是客户端和服务器端代码使用同一种语言，大大地简化了开发工作；二是在客户端对 Ajax 的需求日益攀升的情况下，可以轻松地通过 JSON 数据格式实现信息传递，省去了格式转换的工作。

2. 云数据库实现

云数据库是云服务提供的关键服务之一，它为用户在远程创建一个数据存储空间，具有可靠性、可扩展性、低维护性等优点。目前，关系型数据库在云计算的平台下已经成为制约整个 Web 架构敏捷性和扩展性的瓶颈。在海量数据的环境下，NoSQL(非关系型的数据库)技术得到了广泛的应用，其可扩展的松耦合类型数据模式，以及在易用性、高度伸缩性、支持海量数据等方面所表现出来的优点，使其在云计算领域被广泛应用。

本课题研究使用开源的 Hadoop 分布式云技术。Hadoop 是一个能够对大量数据进行分布式处理的软件框架，以一种可靠、高效、可伸缩的方式进行处理。它维护多个工作数据副本，确保能够针对失败的节点重建，且以并行的方式工作，通过并行处理加快处理速度；另外，其具有可伸缩性，能够处理 PB 级数据。此外，它依赖于校园网服务器，成本低，任何人都可以使用，能够在廉价的服务器上创建集群，实现集群的横向扩展。

三、云平台的总体架构设计

教学监控与质量评价系统云平台采用面向服务(Service Oriented Architecture，SOA)的软件架构设计方法，与传统面向对象和基于构建的软件开发方法相比，具有重构性强、松耦合、面向服务等特点。同时，应用于面向平台的架构，使平台具有较好的可扩展性。

1. 平台总体架构

教学监控与质量评价系统云平台基于云计算与移动互联网技术，采用 SOA 架构，利用 Web 服务(Web Service)实现平台与接入的移动互联网应用和其他 Web 应用间的通信，并对应用间通信所采用的 XML、JSON 等数据进行加密处理，很好地保证了平台的安全性。同时。平台采用四层架构模式，整体平台逻辑清晰，层次分明，具有较好的可扩展性和伸缩性。

平台架构分为四层架构，分别是：应用层、云资源层、认证授权层、校园云端层。

(1) 应用层。应用层也称 "服务层"，是面向在校学生、任课教师、教学督导、系部及学院领导等用户的服务提供层。用户可以通过浏览器、移动手机 App 与平台进行交互，该层包含的应用有移动 App 应用和 Web 应用。

(2) 云资源层。云资源层是教学监控与质量评价系统云平台的资源中心，其通过云服务器部署应用层服务和系统管理等，同时承担了应用数据存储和管理的角色。云资源层通过标准化的数据结构对提供的 Web Service 技术建立统一的模型,并为数据分析服务提供调用的接口。

(3) 认证授权层。认证层向在校学生、任课教师、教学督导、系部及学院领导及其他校企合作用户提供统一的认证。学校在通过认证授权后,可以从云资源层获取对应各用户使用该平台中部署的相关应用的数据,然后利用平台的校园云端层进行数据分析。

(4) 校园云端层。校园云端层主要面向系统管理员,包含教学监控与质量评价数据分析系统等。各院校的管理层通过该层对云平台系统应用所产生的数据进行分析,以辅助管理和决策。

2. 平台主要数据流

基于云计算与移动互联网的教学监控与质量评价系统平台主要是通过移动互联网应用进行全方位立体式采集教学监控与质量评价系统的相关数据,然后利用云计算平台进行数据存储,最后通过统一的校园认证平台,向各职业院校教务管理人员进行数据分析系统传输数据,以进行最后的分析和挖掘。为了能尽最大可能地分析教学监控与质量评价系统的真实情况和信息,平台提供的数据需严格、准确。同时,平台部署的应用应能够进行学生的学号绑定,以供各院校进行学生识别和分析。整个平台涉及的数据主要有 7 种。

(1) 应用信息。应用信息包括平台所有应用的基础信息和用户使用过程中产生的数据信息。应用基础信息为应用的名称、所属类别、版本、支持的软件平台等,而使用过程中产生的信息即教学监控与质量评价系统中的信息,包括按课程统计的学生测评数据、分析测评数据,以及课程、教师、系部、全校 4 个类别产生的测评结果报表等。

(2) 学生信息。学生信息包括学生个人的基础信息。

(3) 教师信息。教师信息包括教师个人基础信息和教学信息等。

(4) 平台管理者信息。平台管理者信息包括平台的管理员基础信息等。

(5) 学校管理者信息。学校管理者信息包括校园云端管理者的基础信息。

(6) 学生测评数据。学生测评数据主要为对学生使用平台后产生的数据再进一步加工处理后的结果信息,数据来源于学校管理者把云资源层获取的数据进行筛选、分析等过程后获取的。

(7) 认证授权信息。认证授权信息包括平台所有用户的权限信息、校园云端和软件授权信息等。

第三节 平 台 应 用

应用技术类院校教育教学监控与质量评价系统于 2014 年起在桂林电子科技大学北海校区试点运行,定时采集学校教学过程中的评价量化指标数据,是建立应用技术类教学质量常态监控机制的重要环节,是北海校区各学院教学监控与质量评价体系的重要内容,也是教育部开展应用技术类院校教学工作审核评估的重要依据。

一、教学监控与质量评价综合信息系统主界面设计

桂林电子科技大学北海校区教学监控与质量评价中心如图 5-6 所示，网站采用 DIV+CSS 布局，运用 HTML5 技术，兼容各类主流浏览器。

图 5-6　北海校区教学监控与质量评价中心

二、教学监控与质量评价综合信息系统组成

桂林电子科技大学北海校区教学监控与质量评价综合信息系统采用 B/S 模式，以网站形式体现，由五大模块组成中心体系。五大模块分别是：在线评教系统(教师)、在线评教系统(学生)、在线评学系统、教学观摩平台、信息反馈。如图 5-7 所示。

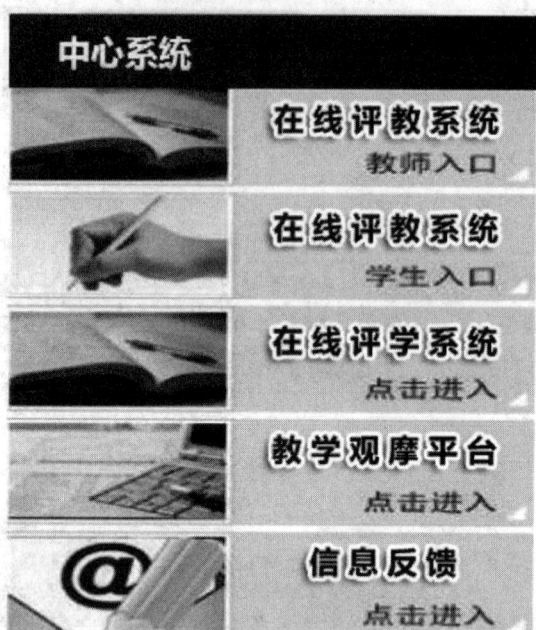

图 5-7　教学监控与质量评价综合信息系统"中心系统"模块

三、教学监控与质量评价综合信息系统应用

1. 中心系统登录

教学监控与质量评价综合信息系统的"教师登录"界面如图 5-8 所示。

图 5-8　教学监控与质量评价综合信息系统"教师登录"界面

教学监控与质量评价综合信息系统"学生登录"界面如图 5-9 所示。

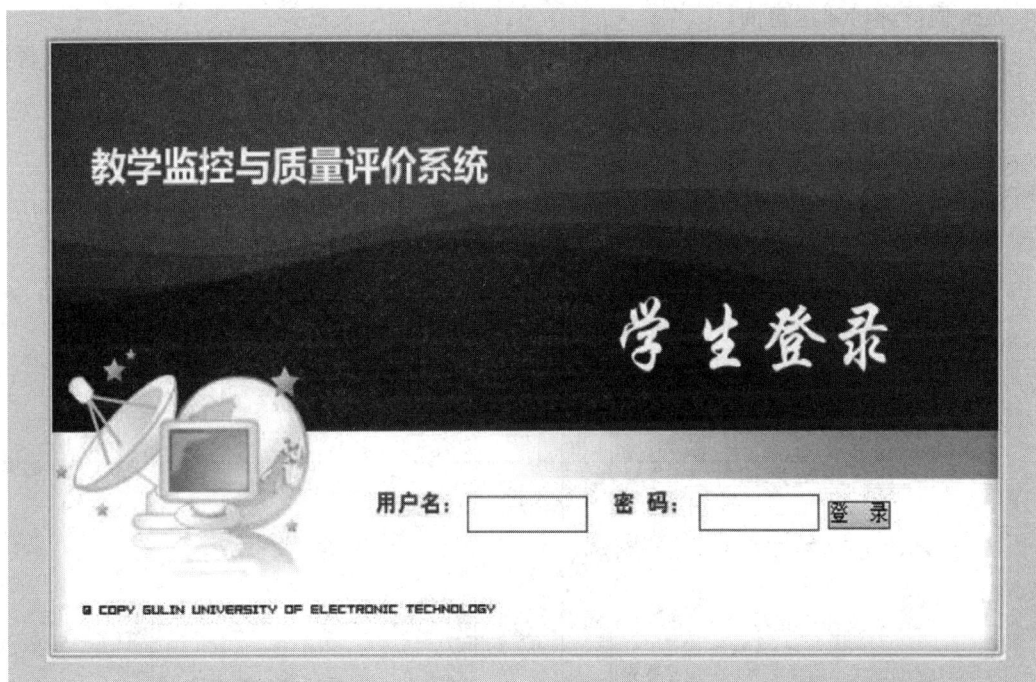

图 5-9　教学监控与质量评价综合信息系统"学生登录"界面

2. 后台登录

1) 评教按课程分类查询

教师登录后，可通过主菜单查询同行评价结果、学生评教结果和领导干部与督导员评价结果，如图 5-10 所示。

图 5-10　评教按课程查询

2) **同行评价课程查询**

教师通过课程序号、课程名称、课程性质、选课人数和任课教师，可查询教师同行评价，如图 5-11 所示。

同行评价课程查询

查询结果浏览，找到13页，总共251条，当前页号：1

课程序号	课程名称	课程性质	学期	人数	教师	备注	开课学院	开课专业	操作
PE123009_01	数据结构	必修课 专业课	20162	68	陈.	软件16级1-2班	计算机系	软件技术	评价同行
PE123011_08	计算机网络实用技术	必修课 专业课	20162	68	陈.	软件16级1-2班	计算机系	软件技术	评价同行
PE123011_09	计算机网络实用技术	必修课 专业课	20162	68	陈.	软件16级3-4班	计算机系	软件技术	评价同行
PE123011_10	计算机网络实用技术	必修课 专业课	20162	68	陈.	软件16级5-6班	计算机系	软件技术	评价同行
PE123013_01	电子商务网页设计	必修课 专业课	20162	60	卢.	电商16级1-4班（设计方向）	计算机系	电子商务	评价同行
PE123013_02	电子商务网页设计	必修课 专业课	20162	49	卢.	电商16级5-8班（设计方向）	计算机系	电子商务	评价同行
PE123018_01	平面设计	必修课 专业课	20162	51	王.	数媒16级	计算机系	数字媒体应用技术	评价同行
PE123020_02	面向对象编程基础	必修课 专业课	20162	1	易.		计算机系	二次清考	评价同行
PE123021_07	计算机数学基础	必修课 专业课	20162	136	黄.	软件16级1-4班	计算机系	软件技术	评价同行
PE123023_02	网页设计与制作	必修课 专业课	20162	64	李.	计应用16级3-4班	计算机系	计算机应用技术	评价同行
PE123023_03	网页设计与制作	必修课 专业课	20162	64	蔡.	计应用16级5-6班	计算机系	计算机应用技术	评价同行
PE123023_04	网页设计与制作	必修课 专业课	20162	64	蔡.	计应用16级7-8班	计算机系	计算机应用技术	评价同行
PE123023_05	网页设计与制作	必修课 专业课	20162	53	蔡.	移动16级	计算机系	计算机应用技术（移动应用开发）	评价同行
PE123023_08	网页设计与制作	必修课 专业课	20162	4	甘.		计算机系	二次清考	评价同行
PE123029_02	软件技术基础	必修课 专业课	20162	67	韦.	计应用16级1-2班	计算机系	计算机应用技术	评价同行
PE123030_02	软件文档写作基础	必修课 专业课	20162	67	张.	软件16级1-2班	计算机系	软件技术	评价同行
PE123030_04	软件文档写作基础	必修课 专业课	20162	69	张.	软件16级5-6班	计算机系	软件技术	评价同行
PE123034_02	C=程序设计	必修课 专业课	20162	0	陈.		计算机系	二次清考	评价同行
PE123056_01	Android应用高级开发	必修课 专业课	20162	46	凌.	移动15级	计算机系	计算机应用技术（移动应用开发）	评价同行
PE123057_01	Android应用程序开发	必修课 专业课	20162	46	凌.	移动15级	计算机系	计算机应用技术（移动应用开发）	评价同行

首页 上页 下页 末页 重新查询

图 5-11 同行评价课程查询

3) **学生评教结果查询**

教师通过课程序号、课程名称、课程性质、任课教师，可查询学生对教师的评教结果，如图 5-12 所示。

教师一学生评教结果表

内容	序号	指标	权重	指标内涵	评价结果
教学态度	1	教学态度	.2	教学态度认真负责，上课不迟到，不早退，不擅自离开课堂，不在课内接打电话，不随意调停课，无停课不补	97
教学准备	2	教学准备	.15	备课充分，授课内容符合教学大纲要求，专业术语准确清楚，多媒体课件或板书清晰明了	97
课堂教学	3	课堂教学	.15	备课充分，授课内容符合教学大纲要求，专业术语准确清楚，多媒体课件或板书清晰明了	97
教学方法	4	教学方法	.1	理论联系实际，讲课生动，易于学生理解与接受，注意启发式教学和对学生独立思考、解决问题能力的培养	97
教书育人	5	教书育人	.1	教师为人师表，举止文明，言语得体，重视德育，课堂内外师生关系融洽	97
教学技能	6	教学技能	.05	普通话（或外语）标准流利，板书布局合理，文字图表规范，课程内容理解透彻，教材选用得当	97
辅导答疑	7	辅导答疑	.05	合理安排答疑时间，热心辅导学生，作业份量适当并及时批改和讲解，实验（实训）报告全批全改	97
教学效果	8	教学效果	.2	注重学生动手能力培养，通过本课程的学习，学生既掌握了书本知识，也增强了实际动手能力。	96

评语
很好
工作严谨 教学认真
专业知识强大，很温和，上课认真负责，深受学生喜爱
课讲得很好，生动有趣
优良
老师授课认真，细致，能充分利用时间，形象条理，对重点知识的讲解十分清晰易懂，使同学们对知识易与理解，老师讲课时的激情会感染我们，课堂气氛很好。
老师讲的很好，教学很耐心。
老师治学严谨，要求严格，能深入了解学生的学习和生活状况，循循善诱，平易近人。
老师很负责
感谢刘老的教学，让我懂得了如何弄网线使舍友尽快早睡，不过不得不说，刘老的课对我们三系来说还是重中之重的呢
上课认真，互动同学活跃气氛，老师教学很好。
老师的讲课方法很特别，让人通俗易懂，
课堂与实验结合，更有效的渗透知识。教学方式很好，上课预留时间让同学自己总结归纳，保证了教学质量。
老师很细心的，也很有耐心，责任心也很强。
教学质量很好！

关闭窗口

图 5-12　学生对教师的评教结果查询

参 考 文 献

[1] 唐崇华，孙学波. 在. NET 平台下搭建分布式系统[J]. 鞍山科技大学学报，2006，19(10)：24-25.

[2] 曾铮，吴明晖，应晶. 简单对象访问协议 SOAP 综述[J]. 计算机应用研究，2002，19(2)：124-126.

[3] 贺祖斌，杨树喆，何茂勋，欧阳常青，廖明岚. 地方高等学校教学质量保障体系的建构与运行[J]. 高教论坛，2004(4)：78-84.

[4] 王文良，李海华，李论，黄德宝. 高等教育质量监控体系的构建[J]. 中国农业教育，2004(3)：23-24.

[5] 安心. 高等学校质量保证体系研究[D]. 上海：华东师范大学，2000.

[6] 刘拓，屈波. 教学质量监控体系的设计与实现[J]. 中国大学教育，2002(4)：33-35.

[7]　韩理安，张斌，刘绍勤. 高等教育教学质量监控体系的总体设计[J]. 中国高教研究，2002(10)：77-78.

[8]　王大力，张凤梅，张静伟，杨泽运，张洪田. 应用型本科院校教学质量监控体系研究[J]. 高教发展与评估，2008，24(2)：75-79.

第六章　探索与应用

　　桂林电子科技大学为服务中国-东盟自由贸易区建设和北部湾经济区开放开发，于2008年在美丽的北海市建设了"北海校区"，成立职业技术学院，举办高等职业教育；2013年，为顺应国家海上"丝绸之路"战略需求，适应广西海洋发展人才需要，北海校区成立了海洋信息工程学院，举办应用型本科教育。10年来，桂林电子科技大学北海校区各学院在积极推进教学改革和教学基本建设的同时，十分注重通过建立和逐步实施比较规范的教学监控与质量评价体系来促进学校教育教学质量的提高，为社会培养了大批高素质应用型人才。

　　桂林电子科技大学北海校区各学院在教学实践中，采用边研究、边实施的办法，通过深化教学改革，强化教学管理，进一步完善教学质量监控与评价体系，为提高教学质量，培养应用型人才提供了理论依据和实践范例，取得了良好的社会效益，并获得2017年广西高等教育自治区级教学成果"特等奖"和2017年广西职业教育自治区级教学成果"三等奖"。

第一节　新型教育教学监控与质量评价体系
在教学实践中的应用

　　本节通过对现有应用技术人才培养教育的调研、总结与归纳，主要从五个方面阐述了新型应用技术教育教学监控与质量评价体系在教学实践中的应用。这五个方面分别为：

　　(1) 教学监控与质量评价体系在专业建设方面的应用。

　　(2) 教学监控与质量评价体系在课程建设方面的应用。

　　(3) 教学监控与质量评价体系在教学层面的应用。

　　(4) 教学监控与质量评价体系在社会服务能力方面的应用。

　　(5) 教学监控与质量评价体系在人才培养质量方面的应用。

一、教学监控与质量评价体系在专业建设方面的应用

　　专业建设与改革是应用技术类院校人才培养工作的重要基础工程，专业教学改革在应用技术类院校教学改革全局中起着龙头作用。根据基于职业属性的专业观，应用技术教育的"专业"不是对学科体系专业分类的简单复制，而是对真实的社会职业群或岗位群所需的共同知识、技能和能力的科学编码。这种科学编码对"专业"的界定，可以理解为高等应用技术教育的专业是其课程的组织形式，专业建设的实质是课程体系及其内容的建设。

1. 应用技术类院校专业建设与调整原则

结合我国应用技术类院校各地实际情况，应用技术类院校专业建设与改革应遵循以下原则：

(1) 要按照应用技术教育思想和理念来开发与设置专业。应用技术专业的开发与设置要完全服从地方经济建设和社会发展的需要，要以服务为宗旨，以就业为导向，进行深入细致的调研和科学有效的论证。

(2) 专业设置要体现职业属性，有相应的职业岗位(群)；专业设置要体现生产属性，满足市场和行业、企业的生产需求；专业设置要体现社会属性，满足人们的生存发展需求。要有针对性地面向自治区的城市建设、化工技术、现代农牧业、现代服务业等行业、企业，沿产业价值链开发与设置专业。专业的开发与设置要充分体现"工学结合、校企融合"的特征，要为建立有效的合作教育机制奠定良好的基础，要有利于整合教学资源、开放办学。

(3) 专业要为行业、企业培养面向生产、建设、管理、服务第一线需要的高认知、高技能、高素养人才。人才培养规格包括职业能力和全面素质等主要方面，使毕业生具有"实用的理论、精湛的技能、创新的思维、良好的人格和健康的体魄"。

(4) 专业要具有稳定的社会需求和良好的发展前景，要有专业发展规划和年度建设计划，逐步解决专业建设中存在的问题；要努力把专业建成教学条件先进、教学环境和谐、教学管理科学规范、教学成果突出的品牌专业，在自治区同类应用技术专业中处于有影响力的地位，起到示范和引领作用。

(5) 专业设置也要具有动态适应性，对市场需求变化要有快速反应能力，要及时调整和充实教学内容，必要时可以调整专业方向或停办专业。

综观专业建设与改革的要点，掌握教学动态与教学质量成为专业建设与改革的切入点。学校应在教师课堂教学评价、学生评价过程中发现问题、解决问题，将学生培养成为基于职业道德、人文素养、技术技能的专业人才。

2. 应用技术类院校专业建设标准

为评价和促进广西壮族自治区的应用技术类院校专业建设水平，根据对高等应用技术教育专业的界定并结合自治区专业建设的实践和成果，建议专业建设标准如下：

(1) 专业招生计划有落实，招生区域广，生源充足，录取分数高，一次报到率较高。

(2) 专业人才培养方案要以教学过程的实践性、开放性和职业性为切入点，推动人才培养模式改革。积极实行订单培养，努力探索工学交替、任务驱动、项目导向、顶岗实习等有利于增强学生学习能力的教学模式。

(3) 建立了基于工作过程系统化的课程体系，开发了优质的专业核心课程，建设了校优秀课程和各级精品课程。

(4) 以学生为主体，进行教学方法与手段的改革，采用行动导向的教学方法，融"教、学、做"为一体，运用多媒体等现代化教学手段，注重学生校内学习与实际工作的一致性，充分发挥实践考核的重要作用。

(5) 教学管理组织机构健全，管理理念先进，方法科学合理，有利于学生完成学业。教学文件齐全规范，可操作性强，能依据需求快速反应调整运行计划。质量监控体系健全，能发挥考核的多项功能。

(6) 行业、企业参与专业教学和联合培养学生的广度和深度不断扩大，合作企业能提供教学资源和就业岗位。专业具有较强的培训企业员工相应职业知识和技能的能力，具有较强的为企业提供相应的技术服务与支持的能力，能面向企业开展培训、技能鉴定和提供技术支持，双赢点逐渐增加，企业满意度高。

(7) 人才培养质量高，学生的知识、技能、素质达到培养目标要求，学生的"双证书"(毕业证和职业技能证书)获取率高；素质教育进入第一课堂，逐步培养了学生"学会学习、学会合作、学会做事、学会改善"的能力。学生参加专业技能竞赛的成绩优秀，在校期间能够为社会和企业提供服务。

3. 应用技术类院校专业建设条件

(1) 形成了一支有专业带头人领衔的、专兼职比例协调、各种结构合理的"双复合型"教学团队；专业带头人师德高尚，专业理论扎实，操作技艺精湛，教学成果丰富，在行业企业有较高知名度。

(2) 优先选用应用技术类院校或职业培训的教材；与企业人员共同编写了满足教学内容改革和职业岗位需要的、具有工学结合特色的校本教材，积累了丰富的、来自行业企业的实际案例。

(3) 建成了能够满足校内实训、顶岗实习和企业实践三个阶梯形能力提升平台的校内外实验、实训、实习基地，建立了满足专业教学需要的教学资源库。

(4) 坚持教风学风建设，教师具有从事应用技术人才培养院校教育、全面素质教育和一切为了学生"教书育人"的积极性和主动性，充分调动了学生学习的积极性与主动性。

4. 应用技术类院校专业建设成果

(1) 毕业生具有创业意识和行为，就业率高，专业对口率较高，毕业生就业待遇较好，毕业生和家长对就业满意度高。

(2) 社会和用户对毕业生的评价好，企业对毕业生的岗位职业能力和职业素质满意度高。

(3) 学校为各专业建立了可与其他院校共享的教学资源平台，以便互相取长补短，联合培养学生，提高教育质量和效益。

二、教学监控与质量评价体系在课程建设方面的应用

课程建设是提高教学质量和人才培养质量的关键。在专业建设的基础上，我校加大课程建设与改革的力度，建设了一批能体现职业岗位需求、加强培养学生职业能力的优质核心课程。

课程建设的内容主要包括：课程设置、课程内容和教学组织、课程资源开发、课程教学方法与手段、课程考核评价体系、实践教学规划与建设、教学团队建设、课程特色与创新等。

课程教学质量评价体系涵盖课内外综合评价体系，包括课程教学效果的质量评价、课程教学资源与课程教学平台建设的质量评价、课程教学的管理与服务、课程学习的学生自主评价、课程安排和实施环境的评价。

在课程教学质量评价的基础上，以职业能力培养为重点进行课程设计，与行业企业合作进行基于工作过程的课程开发和设计，按照任务驱动、项目导向、教学做一体化的原则，充分体现职业性、实践性和开放性的要求。课程设计内容包括三方面：

1. 教学内容

1) 课程内容

根据行业企业发展需要和职业岗位所需要的知识、能力、态度要求，参照职业资格标准，结合前、后续课程，以必须、够用为度，紧紧围绕完成工作任务需要，统筹考虑课程内容(学习领域)，使教学内容和工作过程相一致，并能体现学生职业道德培养和职业素养养成的需要，同时将职业资格证书教育有机融入到课程内容中。具体工作有：

(1) 通过对课程所对应的职业工作过程的分析，结合相关职业资格证书对知识、技能和态度的要求分析，进行课程内容的选取和细化，形成分析报告。

(2) 形成课程(学习领域)描述，包括名称、目标、内容、教学方法、开设学年、基准学时、学生需要的能力、教师所需的专业能力等。

2) 教学组织与安排

课程内容的组织要遵循学生认知能力与职业能力培养的基本规律，以典型的工作任务为依据进行整合、序化教学内容，合理设计学习情境，体现教、学、做结合，理论与实践一体化。教学组织安排除了考虑课内教学，还应充分利用学生课外时间，培养学生自主学习意识和习惯。具体工作有：

(1) 专业教师与行业专家共同参与，以实际工作岗位的工作任务为依据，序化课程内容，进行学习情境的开发。

(2) 对每个学习情境进行具体描述，包括名称、建议学时、能力描述、学习目标、主要内容、教学方法、教学手段、教学场所、考核评价方式、学生基础、教师需要的能力以及实施要求等。

(3) 形成和编制课程标准。课程标准的基本内容包括课程定位、课程任务、课程目标、课程内容、教学建议、评价建议、课程资源的开发与利用建议、教学参考书及选用原则、授课计划与学时分配等。

2. 课程资源开发

1) 教材建设

进行教材建设规划，与行业企业专家共同开发工学结合、具有应用技术人才培养院校特色的教材体系，大量引用企业实际工作案例，突出实用性和先进性。规范教材选用机制，确保高质量教材进入课堂。具体工作有：

(1) 确定教材编写人员(包括企业人员)，提出教材编写规划与进度。

(2) 以工作过程为导向，研究编排教材内容，体现课程特色。

(3) 选用应用技术人才培养院校规划教材，应认真调查研究，提出选用依据。

2) 其他资源建设

进行其他符合课程设计要求的课程资源建设。具体工作有：

(1) 编写其他文本资源，如教师教学指导书、学生学习指导书、学习情境与任务引导文、试题库、电子教案等。

(2) 制作课程教学所需图片素材，如实物照片、实训环境、资源图片、成果展示等。

(3) 制作音频和视频素材，如项目详细操作过程、关键步骤的操作过程、关键工艺、技术讲座等。

(4) 制作动画素材，如关键步骤的演示动画等。

(5) 制作教学课件，包括所有教学任务的教学课件。

(6) 制作教学录像，如所有教学任务的教学录像、关键教学过程分步教学录像等。

(7) 制作演示录像，如所有教学任务的演示录像、关键操作步骤演示录像等。

(8) 编写案例库，包括每个学习子领域的易、中、难不同层次的案例库。

(9) 建立技术支持库，包括学生的设计报告、行业标准、技术手册、行业最新技术文章等。

3. 教学方法与手段

教学的实施是核心和关键，教师的教学设计应采用以职业活动为导向，以素质为基础，以能力为中心，以学生为主体的教学模式，不断进行教学方法和教学手段的创新，强调培养目标、专业教学与工作岗位三者的高度一致性，有针对性地采用工学交替、任务驱动、项目导向、课堂与实习地点一体化等行动导向的教学模式，体现以学生就业为导向，突出学生职业能力培养。

1) 教学方法

桂林电子科技大学北海校区根据课程内容和学生特点，教学过程采用多种教学方法组合创新，如案例式教学、启发式教学、讨论式教学、情景式教学、仿真模拟、角色扮演等多种恰当的教学方法开展教学，有效调动学生学习的积极性，引导学生积极思考、乐于实践，提升学生学习的主动性，提高自主学习效果，促进学生能力发展。具体工作有：

(1) 对课程的内容、类型、特点作出分析。

(2) 针对课程的不同内容，结合学生的特点，设计恰当的教学方法，并将其固化成为指导性教学文件，体现在课程标准和学习情境中。

2) 教学手段

为增强直观教学和提高教学效果，教师应恰当、充分地使用现代教育技术手段开展教学活动，激发学生的学习兴趣，合理、适时、有效地设计多媒体教学等现代技术教育手段，提高教学效率。具体工作有：

(1) 组织教师进行多媒体教学、虚拟现实等现代教育技术的研讨。

(2) 开发和运用多媒体课件、教学软件。

(3) 运用现代教育技术和虚拟现实技术，提出建立虚拟企业、虚拟社会、虚拟车间、虚拟项目等仿真教学环境的规划及建设要求，作为技术改进项目积极提交学校予以建设，缩短课堂与现实的距离，优化课程的教学手段。

3) 网络资源建设

坚持以学生为中心的教学理念，重视对优质教学资源和网络信息资源的利用，把现代信息技术作为提高教学质量的重要手段，建立教学资源丰富、功能比较齐全、运行良好、有效共享的课程网站，为学生自主学习搭建平台。具体工作有：

(1) 建设和优化课程网站。

(2) 按照要求完成课程资源的整理及上传工作。

(3) 建立网上交流机制，利用学校网络教学平台进行师生网上交流与沟通。

三、教学监控与质量评价体系在教学层面的应用

教学层面的评价体系包括学生学习的反馈、学习的效果、学习的行为变化和产生的效果等四方面。突出体现学生行为变化和教师自我诊断、自我调整功能的发挥。其关键在于要体现学生行为变化的可测量性，并根据评价体系反馈，建设切实有效的课堂教学过程。

1. 教师层面上的对策分析

课堂教学的有效性就是教师通过课堂教学活动，让学生在学业上有效收获、有效提高、有效进步。为此，教师应从以下几个方面入手：

(1) 合理设置课堂目标，帮助学生准确定位。

(2) 教学热情高，注重交流沟通。

(3) 创设真实情境，构建学生想要的课堂。

(4) 灵活提问，启发学生思维。

(5) 更新教学理念，敢于创新。

具体的实施方法如下：

1) 抓课前准备，求"认真"

为了上好课，教师课前至少要完成六个准备：一是教学理论的准备；二是课文内容及相关知识的准备；三是教学设计的准备；四是教学用具的准备；五是教案的准备；六是学生预习的准备。

2) 抓课堂教学，求"实效"

(1) 严格实施省级教育部门颁布的课程计划，做到开齐、上足、上好各门功课。

(2) 正确使用教材和教学资料。教科书是教师实施课程标准的基本载体。教师要转变教学观念，要根据学科课程标准和学生的实际情况灵活处理教材内容，全面理解并创造性地运用教科书，以及努力实现各种教育资源的有机整合。

(3) 确立学生主体地位。在教学活动中，教师要着眼于学生的主动发展，努力创造民主、平等的新型师生关系和宽松和谐、开放互动的课堂教学环境，激发学生的学习信心和兴趣，为每个学生提供参与学习、展示自我的机会；要改革教学方式，营造积极互动的教学氛围，为学生在教学活动中自主学习、合作学习、探究学习与实践体验提供充裕的空间；要研究学生的学习方法，让学生在教师的指导下利用多种途径进行学习的延伸。

(4) 规范教师的教学行为。教师必须做到语言健康、行为文明。在课堂上，师生一律讲普通话。教师必须以自己的人格魅力去影响学生，做到仪表端庄、精神饱满、教态自然、语言准确生动、书写规范工整，正确熟练地使用教学仪器和设备，科学合理地运用现代教育技术手段，善于运用教学评价的激励功能，激发学生主动学习；严禁体罚和变相体罚学生，严禁在学生中传播有害学生身心健康的信息。教师上课期间要做到不坐着上课、不吸

烟、不接待客人、不接手机电话、不迟到不拖堂、不做与教学无关的事。

(5) 认真做好教学反思工作。各位教师课后应认真写好教后记，把课堂中的"闪光点"或不足之处及时记录下来，注重反思、整体推进，切实做到"课课有教后记、月月有反思(案例)，学期有总结(论文)"，努力提升自己的专业素质和业务修养。

3) 抓作业与辅导，求"细致"

(1) 作业布置与批改。作业布置要立足于精心设计、增强实效、减轻负担。教师要根据教学目标和学生的学习情况设计富有针对性的作业；布置作业要有弹性，以适应不同发展程度的学生；作业形式要讲求多样化，有书面作业、口头作业和实践性作业等。学生作业要适量，应革除机械重复的练习。

教师作业批改要及时、正确，批注提倡运用短语加等级，要注明批改日期，尽可能让学生及时地获得作业的反馈信息，并及时修正作业存在的不足或错误。教师作业批改要与学生自主评价、自主更正有机结合起来；对于作业中所反映出的普遍性问题，教师要及时分析原因并进行评讲，同时，要通过留意作业反馈的信息，及时调节教学进程、调整教学行为。作业批改所使用的符号应当规范统一。

(2) 学生学习辅导。学习辅导要以因人而异、因材施教为原则，以营造良好的学习环境、促进学生自主发展为目的，面向全体学生，关注学生的个体差异；学习辅导要与家庭相配合，与学生之间的互帮互助相结合，加强师生之间、生生之间的互动与互助；学习辅导要侧重于学习信心不足或有困难的学生，在课堂上要给他们多一份关爱，多一些读书、思考、答问、演练的机会，让他们在学习互动中不断体验学习的成功感，不断增强学习的信心和兴趣；坚决杜绝挖苦、嫌弃、排斥和惩罚后进生的现象。对学有余力或具有某种特长的学生应当加强指导和培养，为他们提供超前学习或发挥特长的条件，尽可能满足他们的学习需求，促使他们脱颖而出。

2. 学校层面上的对策分析

1) 加强学生管理

应用技术类院校现有的学生管理中存在许多问题，管理制度不合理科学，制约了有效课堂的建设。所以，学校应经常总结教学和学生管理的手段和方法，进一步完善管理制度，重点可从以下几方面考虑：

(1) 加强入学教育与就业指导，激发学生积极学。

(2) 加强学风考风建设，督促学生必须学。

(3) 教务部门加强监管，量化考核。

2) 加强教师管理

(1) 建立教学常规检查通报制度。各校应建立健全常规检查制度，教务处每学期定期检查不少于两次，检查主要内容有：期初教师教案撰写、计划制定；期中作业批改、教学反思、质量分析；期末复习方案、提纲教案。不定期检查有课程实施、教师上课、教案撰写、教具准备情况的检查，并及时向教师反馈，将整改办法、措施、以及取得的成效记录在案。

(2) 建立常态课堂教学情况抽查与反馈制度。组织学科骨干、教学能力强的教师深入学校进行常态课堂教学情况指导与检查(听课、检查教师备课及作业评价情况、了解学生对教师教学情况的反映),对存在的问题及时向学校、教师个人交流反馈,帮助学校改进教学管理,促进教师改善教学实践。

(3) 建立单元质量抽查与分析制度。组织相应教研室、备课组,定期或不定期通过纸笔检测或非纸笔检测方式对学生各学科阶段学习效果进行抽查,及时对抽查情况进行分析,并形成书面汇报材料。

四、教学监控与质量评价体系在社会服务方面的应用

目前,我国高校与社会的联系越来越密切,社会服务已成为高校的三大职能之一。然而,不同类型高校因其办学理念及人才培养方向不同,因此其社会服务的功能定位有所区别。应用技术类院校主要培养高技能型人才,其社会服务功能定位于提供技术创新、推广和服务,另外,应用技术类院校因其具有地方性的特点,其社会服务应考虑所在地区的实际需要。只有服务于地方社会经济的发展,才能促进学校自身的发展,才能扩大学校的社会影响力。

建立培养非学历教育学生规模与课时数、"双师型"教师为行业或企业提供咨询服务、从事职前培养培训、对广西区域经济发展服务贡献等为评价内涵指标,通过评价了解应用技术人才培养院校在社会服务能力方面的不足之处。

1. 在培养社会服务能力过程中仍存在的不足

(1) 校企合作深度不够,缺少政府政策支持。应用技术类院校由于科研水平及技术创新能力有限,未能解决企业技术一线难题,学校与企业无法建立互补的合作关系。

(2) 专业设置不合理,课程知识陈旧。

(3) 教师社会服务意识薄弱,缺少激励机制。

2. 提升院校社会服务能力的对策

(1) 转变办学理念,树立主动适应社会的服务观。大学的社会地位和公众形象不仅取决于人才培养和科学研究的水平,而且更多来源于对经济社会的贡献力和影响力。学校在为经济建设服务做出贡献的同时,自身的价值得到充分体现,得到社会的承认、信任和支持,更为自身的可持续发展创造更好的条件。

(2) 建立和完善社会服务机制,增强教师的社会服务意识,提高教师队伍的实践教学能力,转变教师观念,纠正教师闭门搞科研的做法,鼓励教师下企业锻炼,将企业生产一线前沿的知识和新的技术带入课堂,更新课程知识,为教学内容注入新的活力,提高学生的创新能力和技术水平,进而提高学生的社会服务能力。

(3) 加强应用型研究,提高社会服务能力。针对应用技术类院校的特点,面向地方经济发展和社会服务,加强应用型研究;整合学校资源,构建以"专业为依托,学院为纽带,企业为对象"的全方位技术服务平台;引导教师从企业寻求课题,以解决企业生产、服务、管理中存在的实际问题,开展研究工作,把研究成果及时转化为实际生产力,不能满足于论文和著作,要承认技术推广、技术应用和技术革新的学术价值和经济效益。

(4) 深化校企合作,提升社会服务能力。应用技术类院校"必须走校企合作、工学结合"的道路,加深与地方龙头企业的合作,以"合作办学、合作育人、合作就业、合作发

展"为主线,鼓励教师积极参与企业技术开发、产品开发等,开展有应用价值的科学研究,推动学院科技人员与企业的深层次合作。教师将从企业生产一线获得的先进知识与技术融入整合进教材,及时调整教学内容,增强学生的就业能力和技术创新能力,培养适应地方经济社会建设需要的各类高技能人才,提升社会服务能力。

五、教学监控与质量评价体系在人才培养方面的应用

应用技术类院校应建立以毕业生就业率、就业质量、创业成效、企业满意度、薪酬标准、学生持续发展能力等为核心的内涵指标,积极推进企业参与的第三方公正客观的质量评价。人才培养的特殊性突出表现在以下几方面:

1. 需要有长远规划的观念

教育本身是一种教书育人的细致工程,而大学要为人类创造知识、传授知识、服务社会,这不是短期内可以见效的,需要长时间的培养,才能积累出人才培养的良好环境。教育作为一种特殊的产业,同所有的产业一样,都要遵循产业发展的基本规律,但由于教育工作不是直接创造物质财富,因而是一项特殊产业。它的特点是生产周期长、投资大、见效慢,生产的"产品"不能直接产生经济效益,不能直接收回成本,更不可能直接实现增值的生产过程。

教育是以脑力劳动为主,以生产智力劳动者这种特殊产品为主的生产劳动过程。通过学生毕业以后为社会创造一定的物质财富,增加整个社会的物质财富,增加社会生产的总量,从而提高整个社会的经济效益。因此,教育最大的贡献在于为社会培养高素质人才。对教育这一特点的切实把握,有助于理解大学人才培养的独特逻辑,即不能以急功近利的思维来考虑教育问题,人才培养是最为复杂最为艰巨的工程,不能以常规思路来看待。

2. 把握相对灵活的标准

教育工作的特殊性使得对人才培养的评价标准难以确定,大学作为人才培养的基地,可以看作生产智力人才的工厂,然而这一工厂出厂的产品合格与否,却体现了对大学人才培养独特性理解的正确与否。对教育产业的效益评估既不能简单地用经济指标来计算,也不能以毕业学生人数的多寡来衡量,更不能以产生名人的数量来佐证,而必须以全体学生综合素质的提高和社会与市场的认同为尺度,由社会来评判,由市场来选择。这无疑是一个庞大复杂的考核评价体系。

因此,在社会发展过程中,新时期应用技术教育的人才观和质量观也必须多样化,用精英教育阶段对人才和质量的要求与标准,难以衡量和评估当前大众化阶段高等学校的人才培养质量,而这必然需要相对灵活、不求一致的人才标准。

3. 形成优胜劣汰的危机意识

教育虽然不同于一般产业,但在当前条件下,担负人才培养的单位仍然组成了市场竞争的主体,而每个教育主体便是具体的大学。当前市场经济条件下,教育领域面临的市场竞争是事实。教育领域同时是一种不完全的竞争市场,竞争的胜负最终取决于职业教育培养出来的人才的优劣,即人才的质量,教育竞争是以质取胜。

建议在应用过程中从以下几方面切入：

1) 提高学生的实践能力和创新能力

学生的实践能力和创新能力既是经济社会发展对人才素质的要求，也是学生自我发展和增强就业竞争力的现实需要。例如，近年来，辽宁工业大学以培养学生的实践与创新能力为核心，不断推进人才培养模式改革，在主要教学环节中渗透工程教育思想，强化学生的实践能力与创新能力培养，建立贯穿人才培养全过程的创新教育体系。

(1) 建立课内外相结合的实践与创新能力培养体系。

学生实践与创新能力培养体系建设，既包括在基础课与专业课、理论教学与实践教学等主要环节加强学生能力培养，也包括课外创新教育体系建设。学校要重点解决学生受益面问题，使大多数学生在创新教育中受益，并形成长效机制。

(2) 建立针对重要基础课的创新教育机制。

高等数学、大学物理、大学英语、计算机基础、机械制图、力学、电工与电子技术等课程是面向全校学生的重要基础课。学校针对这些课程的教学目标，在大学生中开展科技竞赛活动，学生受益面广，对于培养学生的实践动手能力与创新能力具有重要作用，是基础课创新教育的重要组成部分。此类竞赛活动可采取理论分析、实验操作、设计研究等模式，面向已修完相关课程的本科生，每年由学校统一组织，作为校级竞赛每年定期开展。

(3) 建立健全各院系及校级创新机制。

建立学院层面的大学生创新活动机制，其主要内容就是在每个专业开展具有学科专业特色的科技创新竞赛活动。根据学科专业特点和培养目标，每个专业至少要确定一个科技竞赛项目。

(4) 开展大学生研究性学习和创新性实验项目培养计划。

学校以立项的方式资助大学生开展研究性学习和创新性实验项目，目的是使部分有能力的学生较早地进入研究性学习和创新性实验研究阶段，提高大学生创新的水平。立项范围包括发明、创作、设计类项目，应用性、创新性研究类项目，社会调研项目等。该项培养计划与本科生专业导师制相结合，学生在导师的帮助下自主开展研究性学习，自主进行实验方法的设计、组织设备和材料、实施实验和分析处理数据、撰写实验报告等工作。

2) 积极推进考试方法改革

考试方法改革是教学改革的重要内容。考试方法改革的核心是摒弃简单的、只用一次期末闭卷考试评价学生的办法，推行注重学习过程的考核模式，使问题式学习、探究式学习、体验式学习等以学生为中心的教学方法得以贯彻，达到培养学生实践与创新能力的目的。

大力推行考试方法改革，除了部分重要基础课采用"平时+期中+期末"的模式以外，专业课要根据课程性质采用不同的考试模式。比如：工程设计性较强的课程采用"笔试 + 设计性题目"模式；计算机语言类课程采用"平时+上机测试+笔试"模式；综合性、应用性较强的经管类等课程采用"课程论文 + 答辩"模式；艺术类课程采用"平时 + 作品设计 + 方案评析"模式等。

3) 大力加强课程设计、毕业设计等实践教学环节

(1) 提高课程设计质量。

课程设计是工科院校的重要实践教学环节，对于培养学生的工程实践能力具有重要作用。目前普遍存在的问题是对课程设计重视不够，不能很好地实现教学目标。辽宁工业大学的做法是重新制订课程设计教学质量标准和工作规范，实行课程设计教学检查和评估制度，把课程设计教学评估作为常态化的校内评估项目之一，每学期进行一次。学校通过改进和加强课程设计的选题、指导、成绩考核等环节提高了课程设计教学质量，使学生受到工程实践能力方面的训练和提高。

(2) 提高毕业设计(论文)质量。

毕业设计(论文)在培养大学生的创新能力、实践能力及综合素质等方面具有不可替代的作用。目前，在学生容易受到就业影响的大环境下，强化毕业设计(论文)的过程管理、提高本科毕业设计(论文)质量，已越来越成为各高校的共识。辽宁工业大学通过实行毕业设计(论文)中期检查制度、二次答辩制度、内外审制度等措施，对毕业设计过程中的指导教师资格、选题、开题、实习与实验、教师指导、撰写论文、答辩及论文质量等主要环节进行全过程监控，强化毕业设计(论文)的过程管理，提高毕业设计(论文)质量，充分发挥毕业设计(论文)环节对学生创新与实践能力培养的作用。

(3) 重视实习教学，加强基地建设和教学管理。

学校建立了实习教学评估制度和实习教学日常检查制度，加强实习教学管理。同时，加强实习基地建设。

4) 完善实践教学体系，设置创新学分

(1) 优化专业培养方案，完善实践教学体系。

专业培养方案是人才培养过程必须遵循的法规性文件，实践教学体系是专业培养方案的重要组成部分，是学生实践与创新能力培养的基本保证。例如，辽宁工业大学把制订专业培养方案作为专业建设和教学改革中的头等大事，每4年修订一次。新修订的专业培养方案在实践环节设计上，加大了实践教学环节的比重，保证了工科各专业实践环节占教学计划总学分的50%以上，同时增加设计性、综合性、创新性实验和工程实践训练环节，突出实践与创新能力培养。

(2) 在教学计划中设置创新学分。

将学生科技创新活动纳入培养方案，在教学计划中设置了创新学分，规定学生在校期间必须获得 2 个创新学分才能毕业。学生可以通过参加各种科技竞赛活动、研究性学习与创新性实验项目以及院系结合专业特点组织的创新教育活动等途径获得创新学分。

(3) 多举措并进，全面提高教师工程实践能力。

教师的工程实践能力是实现大学生实践与创新能力培养的基本保证。特别是工科院校，应把加强教师的工程实践能力培养作为师资队伍建设的一项重要内容，进一步完善教师培养培训与考核机制，建立了包括青年教师进实验室制度、专业教师到企业实践制度、教师专业综合能力竞赛制度在内的一系列保障制度和措施。

——建立教师到企业工程实践制度。为了提高中青年专业教师的工程实践能力，

学校规定年龄 40 岁以下且没有企业工作经历的专业教师，都要参加相应专业的企业实践，专业教师到企业实践时间累计不少于 6 个月。学校建立了教师企业实践基地，并设立专项基金。到企业实践的教师要进入企业的设计开发、生产制造及经营管理等部门参与相应的工作。学校把教师参加企业实践并考核合格作为专业技术职务聘任的必备条件。

——建立了教师专业综合能力竞赛制度。举办教师专业综合能力竞赛，是学校为了提高教师的专业水平、实践能力和教学能力所采取的一项重要措施，旨在通过竞赛调动广大教师提高专业水平和工程实践能力的积极性和主动性。

第二节　新型教学质量建设的保障机制在教学实践中的应用

教育教学质量是高校生存和发展的生命线。伴随着高校连年扩招和我国高等教育大众化进程的加快，教学质量问题再一次引起人们的广泛关注，特别是随着产教融合和校企合作的深度推进，教学管理制度、育人目标、教学场地和实习实训的考核标准等内容的改变，原有的教学条件发生了很多改变。在这种改变之下，怎样继续确保教学质量的提高，已成为一个亟须解决的问题。这就需要构建起一套以学校为核心，教育行政部门引领，社会参与的科学、高效且可具操作性的教学质量保障体系，使学校教学活动得到有效的监督、检查、评价与控制，从而不断提高教学质量，提升育人水平。

一、建立健全科学的教学管理制度

1. 创建新型大校区协同管理制度，提供教学质量的保障

桂林电子科技大学北海校区现有两个桂电直属二级学院，即海洋信息工程学院(应用型本科)和职业技术学院(高职)，合计在校生 15 000 余人，其中本科生 6000 余人，专科生 9000 余人，研究生 9 人，留学生 81 人，教职工 600 多人。设有硕士专业 1 个，本科专业 9 个，高职专业 32 个，主要集中在机械类、电子类、计算机类、设计类、管理类、外贸类。学生主要有五种基本类型：中职升专科生、高中升专科生、中职升本科生、专科升本科生、高中升本科生。学院学生的特点是：来源渠道多、层次差异大、学科专业跨度大、地域跨度大。

针对这种情况，桂林电子科技大学北海校区管理委员会打破了学院间的壁垒，创新管理方式，形成新型大校区管理模式下的分配制度改革，跨学院大专业建设，师资充分共享，创建面向全区的"教师践习培训平台"，创新"师生共同践习培训"新模式等，为最大限度的资源共享与高效运作，以及教学目标的最终实现提供管理保障。

2. 完善新型管理体制及规章制度

为完善与新型管理模式相适应的管理体制，学校制订校区管理委员会职责章程，强调

其"外联＋内协调"的职能；制订各学院的职责章程，强调"本院与校区整体兼顾"的作用。北海校区创立或完善的教学管理制度情况如表6-1所示。

表6-1　北海校区创立或完善的教学管理制度情况

序号	规章、制度名称	主 要 内 容
1	教学组织与教学岗位工作职责制度	包括学校教学工作规范、教学组织管理制度、教师教学规章制度、教学课堂规范、教学目标管理制度、专业建设委员会工作制度、教研室工作制度和教研活动管理等
2	学籍管理制度	包括学生学籍管理制度、学生档案管理制度、毕业生信息管理制度、新生入学报到工作制度等
3	教学运行管理制度	包括课程调度管理制度、教材管理工作制度、教室使用办法、调课与教室分配办法、教学事故处理办法、教学档案管理制度、考试工作制度和学生考试管理办法等
4	专业和课程建设管理制度	包括专业建设工作制度、人才培养方案制订办法、课程建设实施办法和教学计划制订办法
5	实践教学管理制度	包括实验室管理制度、实训室管理制度、校内外实习实训基地管理办法、多媒体教室管理办法、毕业顶岗实习管理办法
6	师资队伍建设与管理制度	包括高层次和高技能人才引进(聘用)管理办法、专业带头人选拔、培养和管理办法、教学名师评选和管理办法、兼职教师聘任与管理办法、教学团队建设与管理办法、教书育人奖励办法等
7	教学质量监控与保障体系管理制度	包括教学质量评估制度、教学督导听课制度、听课评教制度、学生评教制度、同行评教制度、教师教学质量优秀奖评选制度、优秀教研室评选办法和优秀教研成果评选办法等
8	教学改革与实践管理制度	包括教研立项管理办法、教研项目配套经费管理办法、课题项目负责人管理办法、知识产权管理办法、教科研奖励管理办法等

3. 确立教学质量保障管理体系，严格落实领导干部听课制度

教学质量保障工作的领导机构是校区各学院党政联席会，其主要职责是：统一领导学院教学质量保证体系的制定、修改和实施；决定有关保证和提高教学质量的重大政策和措施；监督各个工作机构的执行情况。

教学质量保障工作的工作机构是校区的各有关部门：各学院教务处和督导室、人力资源部、学生工作部、团委、招生就业部、财务部、国有资产管理部、图书馆、各系(部)、实训中心等。其主要职责是：制定相应的教学质量子目标及其质量标准；制定实现教学质量子目标和达到质量标准的计划并组织实施；根据监控系统的反馈意见进行分析和改进。

同时，校区结合教学工作实际，修订了《北海校区领导干部听课制度》，明确规定各级领导干部和教研室主任每学期必须深入教学第一线听课，校区领导每学期不少于 4 次，其中：分管教学的副院长每学期听课不少于 6 次；教务部领导、各系部党政领导以及教研室主任，每学期听课不少于 8 次；其他行政职能部门或职能部门领导，每学期听课不少于 2 次；教师、辅导员每学期听课不少于 8 次。同时，要求各级领导干部和教研室主任及时将听课意见反馈给任课教师本人。

4. 教学管理制度的运行保障

(1) 实行教学质量多元督导制度。督导不仅要进行教学方面的监督，还要进行行政后勤方面的质量监督。学院设置了由教学工作指导委员会、教学质量督导室、教学质量管理办公室等部门协同参与的教学质量多元督导制度。

(2) 教学评价制度。学校进行了教师教学水平评价，建立了科学的质量评价标准，对教师教学中的教学设计水平、计算机辅助教学水平、科研水平、敬业精神、职业道德等方面进行评价打分，并将定性与定量评价相结合，将考核结果与岗位工资挂钩。评价内容主要包括：由教学主管部门对教师的教学进行日常检查评定，教学督导评价，学生评价，学生对教学进行评价；每个学期实施两次评价，由督导办公室组织全院各系开展学生评教测评并打分。学生应对教学效果、批改作业、课后辅导等方面的满意程度作出客观评价；教师的自我评价，教师每学期都要根据个人教学的效果做出自我评价，个人评价可作为整体评价的一部分。

(3) 学院内部教学质量评估制度。学院定期开展教学专业评估和课程评估、实验室评估、实训基地评估等活动。

(4) 教学检查制度。学院确立阶段性和随机性相结合的教学检查制度。阶段性检查是指期初、期中、期末的集中检查。期初主要检查教学准备工作落实情况，期中主要检查各系部教学管理工作、教师授课情况，期末主要检查各教学单位本职工作完成情况和期末考试组织落实情况。

二、强化人才培养的过程管理

过程管理是现代质量管理的重要方式和途径，传统的质量管理关注结果，现代质量管理注重的是管理过程，包括在教育领域的质量管理中，人们也日益重视对学校教育过程的质量管理。但是，大多数职业院校的质量管理往往只重视日常的教学过程管理，忽视对人才培养教育过程的管理。

北海校区重视人才培养不同教育阶段的管理。依托电子信息学科特色优势，建设特色专业，培养服务于行业产业链的工程应用技术技能人才，形成多层次贯通"立交桥"体系培养的高级应用人才。

1. 明确办学思路，突出符合现代教育理论的人才的培养特色

北海校区围绕建立"符合现代职业教育'立交桥'体系下应用技术技能人才培养为主

要特色的教学型大学"的办学目标,坚持将应用型人才培养作为工作的根本任务,树立育人为本、因材施教、知行合一、自我发展的现代育人理念,建立多层次立体化贯通的人才培养体系。

北海校区成立 10 年以来,已经初步形成从专科至专业硕士的全方位、立体化的应用技术人才培养的机制和环境。构建多层次应用型本科人才培养思路架构。多层次应用人才培养的"立交桥"体系结构如表 6-2 所示。包含"高考升本""专升本""中职升本""高考升专""中职升专"等多层次人才培养的"立交桥"根据各层次起点的不同,采用不同的培养思路和实施手段方法,但最终目标都是应用技术技能人才的培养,学生将以不同的岗位定位和深造作为培养出口,走上职业生涯或进一步的学习。

表 6-2　多层次应用技术技能人才培养的"立交桥"体系结构

序号	培养的层次类型和起点		立交桥交叉点	培养出口	
	层次类型	起点		就业岗位	继续深造
1	中职升专	中职	应用技术技能人才	应用技能人才——技师	工程硕士　工程博士
2	中职升本	中职		应用技能人才——高级技师	
3	专升本	大专		工程应用人才——现场工程师	
4	高考升专	高中		应用技能人才——技师	
5	高考升本	高中		工程设计人才——设计工程师	

2. 构建基于"八基""双构"的人才培养质量监控体系

采用科学的教学质量监控与评价体系来保证教学的整体质量,涉及"八基"教学内涵(专业设置、课程设置、教学计划、教材建设、实践教学、师资队伍、教学管理、质量评价机制)和"双构"组织结构(组织—机制—体系—平台的"校内闭环"监控与质量评价体系和基于政—行—企—校联合培养的"校外开放"全面监管机制)的监评架构,促进新型教学质量监控与评价体系的建设,实现人才培养的教学过程全方位管理。

"八基"与"双构"人才培养监控与质量评价体系的确立,保障了北海校区各学院不同类型和不同层次学生的学习效果,为企业培养了真正的技术技能型应用人才。

3. 建立"个体监测"与"企业监测"人才培养质量保障机制

对各层次(中职升专、高考升专、中职升本、专升本、高考升本)的所有学生进行过程培养"个体监测"建档记录,通过每学期课堂教学、试卷评估、质量测评、过程督导、学生教师座谈、企业监测等手段,形成了"决策—执行—检查—调研—反馈—改进"的质量保障系统循环机制,对教学改革风险实时评估,形成学生质量分析报告。

通过对不同类型和不同层次的学生成长过程的基本数据进行比较分析，分析比较了学生课程集成的学习情况并分类汇总，重点分析不同层次学生的衔接课程内容学习效果，建立实时反馈机制，一方面做出合理的成长规划，以使学生学有所长，多路径成才，另一方面调整教学内容，对学生进行个体学习的全过程跟踪，每学期形成学情分析报告，每年进入企业监测点对毕业生职场能力和职业发展情况进行收集和分析。分析的结果提升了教学内容与企业需求的适应度，毕业生质量得到社会高度赞誉。

三、发挥教学督导在教学活动中的监督作用

教学质量始终是各类学校生存和发展的生命线，提高教学质量是学校工作中永恒的主题。教学督导是学校内部教学质量监控保障体系的重要组成部分。1991 年 5 月，国家教委颁布了《教育督导暂行条例》，将教学督导纳入法制化轨道。教学督导的主要任务就是根据学校的人才培养目标和教学的基本规律，对教学活动及教学管理的全过程进行检查、监督、评价与指导，为学校决策部门提供改进教学及其管理的依据建议，不断提高学校内部教学质量。

北海校区积极探索地方应用型本科院校教学质量监控体系建设，努力构建"督教、督学"二位一体，内部监控与外部监控相结合的"双督导、一结合"教学质量督导监控模式，为持续改进应用型人才培养与经济社会发展需求的吻合度，切实提高人才培养质量发挥重要作用。

1. 构建"督教、督学"二位一体的"双督导"机制

在巩固和加强对教师教学行为进行常规教学督导的基础上，学校尝试建立对学生学习行为进行督导的督学机制，以"双督导"的合力作用促进教师改进教学、学生改善学习，增强教与学的互动性与适应性，不断提高与改进教与学的质量，全面提高人才培养质量。

在督教的过程中，教学督导不仅要观察教师的言行举止表现，检查教师是否有上课迟到、提前下课、接听手机等违背师德师风的行为发生，检查教师上课的授课计划、教案、课件等教学资料是否完备，更重要的是考察教师的课堂教学过程，如每节课的课程目标定位是否准确，教学理念是否以生为本，语言是否清晰、简练、准确，仪态是否自然、大方、亲切，板书是否工整。布局合理、美观，运用现代多媒体技术是否娴熟，教学中重点难点是否把握得当，教学设计思路是否清晰、合理、切实可行，教学方法和手段是否多样，师生互动是否良好，课堂气氛是否活跃，高职学生的知识、能力、素质目标是否达到，此外还要督察教学实践环节是否落实。

督学工作的开展，主要以学习态度、学习行为、学习习惯、学习方法等核心因素对学生的学习行为与学风实施督查与指导。要求督导对学生课堂学习秩序进行不定期的巡视，观察学生的到课率、课堂纪律和课堂学习氛围；要经常抽查学生的作业情况；定期与学生代表、班主任、辅导员及任课教师进行沟通，督促、引导学生学习，提高学生学习的主动性、积极性和创造性，了解学生的学习状况，并对出现的不良现象提出改进的意见和建议。

督学工作与督教工作融为一体、同步进行，其工作重点是了解现象、获取数据，由数

据和现象来挖掘学生学习和学风等深层次的问题和成因，针对问题和成因提出改进措施并及时反馈，以推进学生学习和优良学风建设。督学工作并不是学生工作的替代或重复，更关注学生学业中的各类问题，更强调学科教师的参与，以增强学生学习的主动性和积极性，正确分析和认识自我，明确改进和努力方向，提高学习成效。

2. 实施内部监控与外部监控相结合的质量监控方式

依据经济社会对应用型人才培养质量的宏观要求，北海校区通过政府、行业和社会机构等多维度、多项目的社会外部评价，加强对应用型人才培养质量结果监控和宏观监控，建立起促进学校教育教学质量不断提高的外部监控体系，形成行业企业参与、学校与社会有机结合的有效评价机制。

外部教学质量监控系统主要通过各级政府组织的教学评估与检查，行业或企业评价与反馈，工程教育专业论证与职业资格鉴定，年度招生录取分与调剂录取率，毕业生就业率、就业专业对口率和就业质量，以及社会第三方中介机构对高校的质量评价报告等构建与实施。

同时，结合学校内部教学质量监控体系即传统教学质量监控体系，学校加强对人才培养质量的过程监控和微观监控，保障教学质量的持续改进与提高，满足经济社会发展对应用型人才培养质量的基本要求。

3. 发挥完善督导队伍建设，建立健全督导体制

为了保证教学质量监控体系有效运行，必须加强教学质量管理队伍建设，完善督导体制，学校应设立教学督导工作委员会，以教学督导工作委员会为监管调控中心，再逐步建立起以院系管理为基础，多层次、全方位质量监控与保障体系。

1) 学校成立教学督导工作委员会

督导工作委员会负责研究确定学校教学督导工作的方针、理念和策略，讨论决定教学督导工作中的重要事项，审定教学督导机构的职责和教学督导工作制度。教学督导委员会主任由校区各学院院长担任，副主任由主管教学的副院长担任，成员由教学水平高、教学经验丰富、懂教育教学规律、热心于教学改革与教学研究、责任心强、办事公正、具有较高教育教学评价能力的教学和管理人员组成。形成校区、学院、系部齐抓共管的教学组织领导保障体系。

2) 完善校区教学督导队伍的建设

校区教学督导组由多位有丰富教学经验的退休和即将退休的高职称老教师组成，他们深入教学第一线，通过听、评、帮、带来行使质量监督职责，积极参与学生毕业设计各环节的检查、教务部组织的各项教学评估活动和教学建设项目的评审，为学校的教学改革、教学建设提出宝贵意见和建议。

3) 健全学生教学信息员队伍

学校在每个班级都设立教学信息员，通过教学信息员向督导组和各级领导反映教学方面的意见与情况，督导组专人负责收集和处理教学信息员反映的情况。学校定期召开教学质量专题学生座谈会，利用各种途径了解学生对教学的意见和建议，完善学校的教学质量监控体系。

4) 将教学质量监控重点由封闭向开放转移

"工学结合"人才培养模式拓展了教学的空间、时间及参与教学的主体。所以，我们必须将行业、企业、政府、社会等更多利益相关方纳入教学质量监控队伍中来，组建一个多层次、全方位、全员参与、开放的质量监控体系。

四、教学监控与质量评价平台在教学实践中的应用

坚持质量、规模、结构、效益协调发展，是我国高等教育事业的总体发展策略。在这四个方面中，质量是高校教育发展的核心，是高校的生命线。近年来，随着高校招生规模不断扩大，教学质量问题也越来越引起人们的重视。教学监控与质量评价体系是高校提高教学质量的重要保障。构建教学监控与质量评价平台，对教学质量实行全程监控，并及时调整反馈信息，以使教学质量得以提升到一个新的层次。

1. 教学监控与质量评价平台构建的基本内容

构建教学监控与质量评价平台的标准是建立质量体系的主要内容，以质量标准为根据可以从两方面对学校教育进行评价：首先是以学校教育体系为根据进行评价；其次是以用人单位反馈的社会评价为根据进行评价。要想使应用技术类院校人才培养规格和目标的实现得到保证，并且将以就业为导向的职业特点体现出来，教学监控与质量保障体系就必须要从常态出发，并且进行积极的探索，最终将企业对人才培养的监控、社会评价元素融入进来，从而将企业、行业协会、学校等共同参与的质量组织保障系统构建起来，要全面实施学生、校外企业、教学督导、院系内部等共同参与进来的监控评价系统，将有效的结合过程与结果、校内与校外的教学质量管理系统构建出来，使质量信息反馈系统的监控作用充分发挥出来，只有这样，才能将科学合理的教学监控与质量保障体系构建起来。

教育教学监控与质量评价平台由相互关联的三个子系统组成：教学质量信息系统平台、教学质量标准监控系统平台和教学质量监控评价系统平台。

1) 教学质量信息系统

该系统主要收集社会、行业企业和学校教学全过程相关信息，如图 6-1 所示，具有搜索、归类、统计和动态反馈功能，能满足职业教育的教学质量管理、监控、评价等要求，为体系提供分析样本支撑。

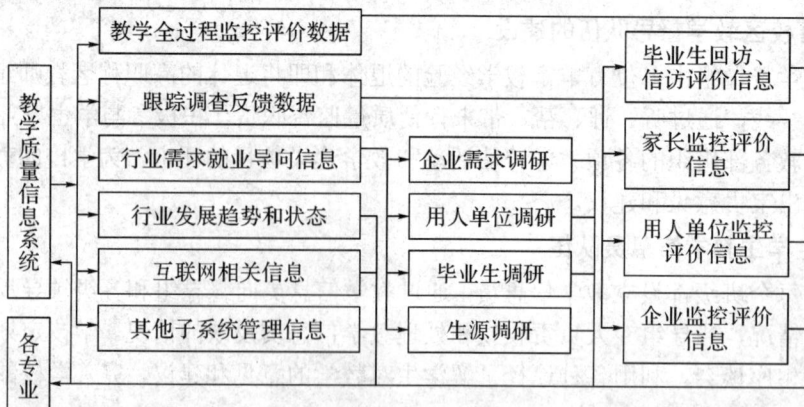

图 6-1　教学质量信息系统流程

2) 教学质量标准监控系统

如图 6-2 所示，该系统以课程体系建设作为提高教学质量的核心，发挥专业建设指导委员会的作用，动态监控教学全过程相关的标准及指标建设，为体系提供目标支撑。

图 6-2 教学质量标准监控系统流程

3) 教学质量监控评价系统

如图 6-3 所示，该系统以毕业生专业对口率、专业教师社会服务项目完成率为教师教育教学水平考核的重要指标；以就业率高、起薪高、企业满意度高、社会评价高为人才培养质量考核的主要指标；吸收用人单位参与对教学全过程动态监控、分析和教学质量评价。使人才培养质量达到令社会、用人单位、学生、家长、学校满意。同时协调各子系统，使其有序运作，从而使整个体系功能得到充分发挥。

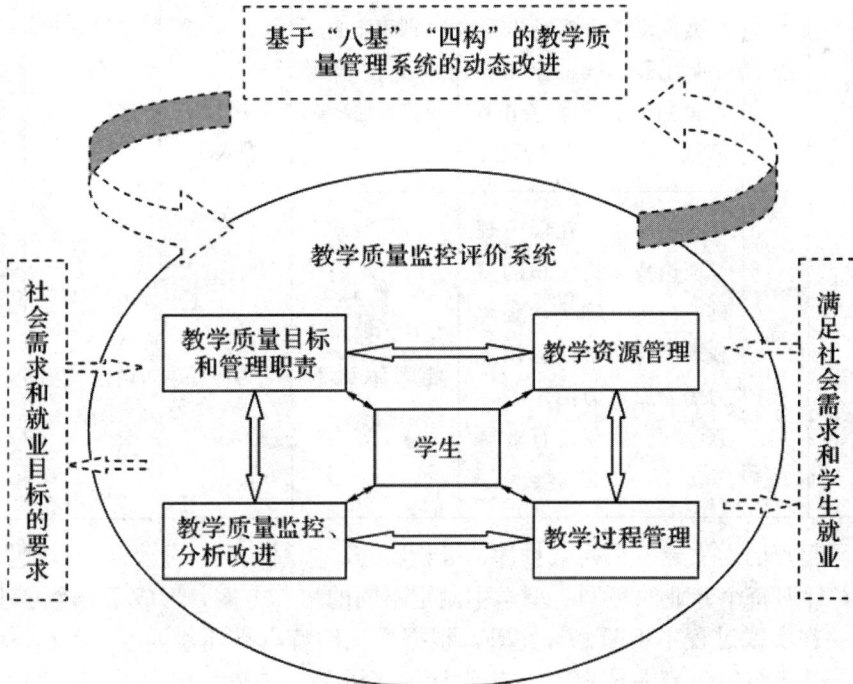

图 6-3 教学质量监控评价系统流程及与其他子系统动态关系

2. 教学质量监控与评价平台在教学实践中的应用

桂林电子科技大学北海校区自建立以来一直立足于区域经济和行业，致力于培养素质全面、专业应用能力强的应用型技术技能人才。在长期的探索与实践过程中逐步形成了在大校区的管理体制下，适应现代应用技术教育人才培养"立交桥"体系的一套系统的人才培养模式和培养方法，并取得了一定的成效。

1) 创建多层次立体化贯通培养模式

多层次人才培养模式体系的探索重点体现在对多层次人才培养"立交桥"体系的系统性科学构建，如表 6-3 所示。北海校区在应用技术技能型人才培养方面已经做了较多科学的探索和一定的教学实践。

表 6-3　不同生源起点立体化贯通的应用技术型本科人才培养模式与培养过程

多层次培养类型构建贯通衔接的培养过程						实现目标	培养出口	
序号	层次类型	起点	特点	培养思路	实施手段与方法		就业岗位	继续深造
1	中职升本	中职	实践动手能力强，理论知识薄弱	强化实践基础上的理论分析设计等知识融入，突出行业产业需要	增加课程集成，降低基本技能比例，强化基础知识分析能力	应用技术型人才	应用技能人才——高级技师	工程硕士 工程博士
2	专升本	大专	实践动手能力强，理论知识薄弱	理论与实践的全方位结合，突出行业产业需要	课程集成，减少技能比例，增加高端技术		工程应用人才——现场工程师	
3	高考升本	高中	理论基础好，实践动手能力需要加强	在学习理论知识的基础上，强化实践应用能力的培养，突出行业产业需要	降低课程集成，提高技能训练比例约 10%		工程设计人才——设计工程师	

对不同起点的学生建立信息数据库，分析特点，因材施教，分类实施，根据生源起点的特点，针对每个专业的不同类型学生制定不同的培养方案，形成了一个专业三种培养方案，并在实践过程中不断修订完善。根据学生的特点搭建"四板块"(人格素养—学科知识—基本技能—高端技术)的权重设计衔接桥梁，完成"分层分目标""量体裁衣、特色育人"的立体化贯通衔接培养体系，既体现分层培养目标的差异性，也保证层间"能

力培养"的共同要求。

2) 适应目标定位与新体系的教学改革

北海校区坚持课程内容与职业标准对接、课程内容与各层次培养目标的专业体系对接；创建新型多层次课程集成教学体系，突出服务社会与行业产业链的工程应用能力；根据人才培养在知识、素质、能力方面的要求，引入社会、企业参与，优化课程配置，整合教育教学内容，进行创造性地搭建工程应用技术本科人才培养的宽口径"基础教学模块"和应用特色突出的"专业课程核心课程模块"的课程体系。

在具体设定教学目标时，为"中职升专""中职升本"层次的学生设定"以技能促理论"的课程目标，着重启发学生学习时透过现象看本质，结合已有实践技能，加强对理论知识的领悟和掌握，本着在实践基础上具有分析问题能力和解决问题能力为原则，即"理论够用"的原则。教材建设也围绕以上各类学生层次的教学目标进行适应性内容的调整与教材建设。而各层次学生在培养思路上均一致提出"突出适应区域经济行业产业需要"的要求。

(1) 桂林电子科技大学特色应用技术类人才培养方案(5 类 65 套)如表 6-4 所示。

表 6-4 桂林电子科技大学特色应用技术类人才培养方案

序号	系 别	培养方案名称	培养方案类型	年级
1		机械设计制造及其自动化专业培养方案	普招升本	2013 级
2		机械设计制造及其自动化专业培养方案	普招升本	2014 级
3		机械电子工程专业培养方案	普招升本	2015 级
4		机械电子工程专业培养方案	普招升本	2016 级
5		机械电子工程专业培养方案	普招升本	2017 级
6		机械设计制造及其自动化专业培养方案	中职升本	2013 级
7	机电工程系	机械设计制造及其自动化专业培养方案	中职升本	2014 级
8		机械电子工程专业培养方案	中职升本	2015 级
9		机械电子工程专业培养方案	中职升本	2016 级
10		机械电子工程专业培养方案	中职升本	2017 级
11		机械设计制造及其自动化专业培养方案	高职升本	2013 级
12		机械设计制造及其自动化专业培养方案	高职升本	2014 级
13		机械电子工程专业培养方案	高职升本	2015 级

序号	系 别	培养方案名称	培养方案类型	年级
14	信息与通信工程系	通信工程专业培养方案	普招升本	2013 级
15		通信工程专业培养方案	普招升本	2014 级
16		通信工程专业培养方案	普招升本	2015 级
17		电子信息科学与技术专业培养方案	普招升本	2016 级
18		电子信息科学与技术专业培养方案	普招升本	2017 级
19		通信工程专业培养方案	高职升本	2013 级
20		通信工程专业培养方案	高职升本	2014 级
21		通信工程专业培养方案	高职升本	2015 级
22	信息与通信工程系	电子信息工程专业培养方案	普招升本	2013 级
23		电子信息工程专业培养方案	普招升本	2014 级
24		电子信息工程专业培养方案	普招升本	2015 级
25		电子信息工程专业培养方案	普招升本	2016 级
26		电信工程及管理专业培养方案	普招升本	2016 级
27		电信工程及管理专业培养方案	普招升本	2017 级
28		电子信息工程专业培养方案	中职升本	2013 级
29		电子信息工程专业培养方案	高职升本	2013 级
30		电子信息工程专业培养方案	高职升本	2014 级
31		电子信息工程专业培养方案	高职升本	2015 级

序号	系 别	培养方案名称	培养方案类型	年级
32	计算机工程系	计算机科学与技术专业培养方案	普招升本	2013 级
33		计算机科学与技术专业培养方案	普招升本	2014 级
34		网络工程专业培养方案	普招升本	2015 级
35		网络工程专业培养方案	普招升本	2016 级
36		网络工程专业培养方案	普招升本	2017 级
37		计算机科学与技术专业培养方案	中职升本	2013 级
38		计算机科学与技术专业培养方案	中职升本	2014 级
39		网络工程专业培养方案	中职升本	2015 级
40		网络工程专业培养方案	中职升本	2016 级
41		网络工程专业培养方案	中职升本	2017 级
42		网络工程专业培养方案	高职升本	2013 级
43		网络工程专业培养方案	高职升本	2014 级
44		网络工程专业培养方案	高职升本	2015 级
45	艺术设计系	工业设计专业培养方案	普招升本	2013 级
46		工业设计专业培养方案	普招升本	2014 级
47		工业设计专业培养方案	普招升本	2015 级
48		工业设计专业培养方案	普招升本	2016 级
49		工业设计专业培养方案	普招升本	2017 级

序号	系　别	培养方案名称	培养方案类型	年级
50		工业设计专业培养方案	高职升本	2013 级
51		工业设计专业培养方案	高职升本	2014 级
52	艺术设计系	工业设计专业培养方案	高职升本	2015 级
53		工艺美术专业培养方案	普招升本	2017 级
54		数字媒体艺术专业培养方案	普招升本	2017 级
55		物流管理专业培养方案	普招升本	2013 级
56		物流管理专业培养方案	普招升本	2014 级
57		物流管理专业培养方案	普招升本	2015 级
58		物流管理专业培养方案	普招升本	2016 级
59		物流管理专业培养方案	普招升本	2017 级
60	物流管理系	物流管理专业培养方案	中职升本	2015 级
61		物流管理专业培养方案	中职升本	2016 级
62		物流管理专业培养方案	中职升本	2017 级
63		物流管理专业培养方案	高职升本	2013 级
64		物流管理专业培养方案	高职升本	2014 级
65		物流管理专业培养方案	高职升本	2015 级

(2) 桂林电子科技大学特色应用技术类人才培养教学模式改革课程，共 211 门，如表 6-5 所示。

表6-5 桂林电子科技大学特色应用技术类人才培养教学模式改革课程汇总

序号	课程名称	序号	课程名称
1	3D 打印技术	28	产品设计 I
2	3D 打印与快速成型技术	29	产品设计 I 实训
3	Android 程序设计	30	产品速写
4	Android 程序设计实训	31	产品系统设计
5	C 语言程序设计	32	产品形态语义设计
6	C 语言程序设计实验	33	产品造型基础
7	DSP 原理及应用	34	程序设计与问题求解 I
8	DSP 综合设计实训	35	程序设计与问题求解 II
9	EDA 技术及应用	36	程序设计与问题求解实验 I
10	EDA 技术实训	37	程序设计与问题求解实验 II
11	EDA 技术综合设计实训	38	船舶产品设计
12	FPGA 通信设计基础	39	大学计算机基础 A
13	Java 程序设计	40	大学英语 I
14	Java 程序设计实验	41	大学英语 II
15	RFID 技术与应用	42	大学英语III
16	Web 开发技术与应用	43	大学英语IV
17	Web 开发技术与综合应用实训	44	单片机原理与接口技术
18	报关与报检实务	45	单片机原理与接口技术实训
19	标志设计	46	单片机原理与接口技术实验
20	博弈论基础	47	单片机原理与应用
21	材料力学	48	单片微型计算机与接口技术
22	操作系统	49	导航信息处理与 GNSS
23	操作系统原理及 Linux 实现	50	电磁场与微波技术
24	产品表现技法	51	电工技术
25	产品改良设计	52	电工与电子技术
26	产品概念设计	53	电路分析基础
27	产品结构设计	54	电路分析基础实验

序号	课程名称	序号	课程名称
55	电路原理	82	国际货运作业实验
56	电子测量	83	国际贸易实务
57	电子工程实习	84	国际物流管理
58	电子技术	85	海洋管理
59	电子技术实验	86	海洋环境监测与信息处理
60	电子认知实习	87	海洋遥感技术
61	电子线路 CAD	88	互换性与技术测量实验
62	电子制作技能训练	89	互换性与技术测量
63	二维软件辅助设计	90	机电传动与控制
64	港航工程与规划	91	机电传动与控制实验
65	港航工程与规划课程设计	92	机电工程测试技术
66	港口物流管理	93	机电一体化技术
67	港口物流基础实训	94	机械 CAD 技术
68	港口与船舶机械实习	95	机械创新设计
69	工程材料	96	机械工程材料
70	工程材料基础	97	机械工程认知实习
71	工程测试技术	98	机械工程训练
72	工程力学 I	99	机械设计
73	工程力学 II	100	机械设计实验
74	工程图学	101	机械设计综合实训
75	工程制图	102	机械原理
76	工程制图实训	103	机械原理课程设计
77	工业机器人	104	机械制造工艺学
78	工业设计概论	105	机械制造技术
79	供应链管理	106	机械装置拆装实训
80	供应链管理系统模拟实验	107	基础工程设计实验
81	管理学	108	基于 .NET 的开发技术

序号	课程名称	序号	课程名称
109	基于 .Net 的开发设计实训	135	企业资源计划
110	基于 MALAB 平台通信综合设计实训	136	嵌入式系统原理及应用
111	基于单片机综合应用设计实训	137	嵌入式系统综合设计实训
112	基于嵌入式平台的通信系统综合设计实训	138	人机工程学
113	集装箱与多式联运	139	软件测试
114	计算机辅助产品设计实训	140	软件项目管理
115	计算机辅助设计 AutoCAD	141	三维软件辅助设计
116	计算机网络	142	三维软件辅助设计实训
117	计算机网络课程设计	143	商品学基础
118	计算机组成原理	144	设计材料与加工工艺
119	科技英语	145	设计程序与方法
120	雷达与导航原理及设备	146	设计制图
121	冷链物流管理	147	市场营销
122	离散结构	148	视觉传达
123	理论力学	149	室内照明设计
124	流体传动与控制	150	数据结构与算法
125	绿色物流	151	数据结构与算法课程设计
126	模拟电子技术	152	数据库系统应用实验
127	模拟电子技术实验	153	数据库系统原理
128	模型制作 I	154	数据库系统原理课程设计
129	模型制作 II	155	数据库原理及应用
130	配送中心与运作	156	数据库原理及应用实验
131	普通机加工实训	157	数控技术与数控机床
132	企业物流管理	158	数控加工实训
133	企业项目体验	159	数字逻辑
134	企业战略管理	160	数字逻辑实验

序号	课程名称	序号	课程名称
161	数字信号处理	188	物流系统分析与设计课程设计
162	数字信号处理实验	189	物流系统规划与设计
163	塑料成型工艺及模具设计	190	物流系统规划与设计课程设计
164	锁相与频率合成	191	物流系统建模与仿真
165	通信电子电路	192	物流系统建模与仿真课程设计
166	通信电子电路实验	193	物流信息系统Ⅰ
167	通信原理	194	物流信息系统Ⅰ实验
168	通信原理实验	195	物流信息系统课程设计
169	统计学	196	物流学
170	统计学实验	197	物流运筹学
171	图像信息处理技术	198	物流运筹学实验
172	网络信息安全	199	物流运作管理
173	微波技术与天线	200	现代光纤通信系统
174	微电子封装与组装技术	201	现代通信网络与交换技术
175	微机原理与接口技术	202	现代移动通信系统
176	微机原理与接口技术实验	203	现代制造技术
177	无线传感器网络	204	信号与系统分析
178	物联网工程导论	205	信号与系统分析实验
179	物流财务基础实验	206	信息安全技术
180	物流成本管理	207	信息论与编码
181	物流管理案例分析	208	用户研究与设计创新
182	物流管理概论	209	制冷与冷藏技术
183	物流管理综合实验	210	专业方向综合设计实训
184	物流经济学	211	专业英语
185	物流设备与技术		
186	物流设备与技术实验		
187	物流系统分析与设计		

(3) 桂林电子科技大学特色应用技术类人才培养核心课程，共 37 门，如表 6-6 所示。

表 6-6　桂林电子科技大学特色应用技术型人才培养核心课程汇总表

序号	系　别	核心课程名称
1		机械制图
2		工程力学
3		机械原理
4		机械设计
5		机械制造技术
6		互换性与测量技术
7		电工技术
8	机电工程系	电子技术
9		机电传动与控制
10		单片机原理与接口技术
11		机电一体化技术
12		理论力学
13		材料力学
14		机械原理
15		工程制图
16		信号与系统
17		模拟电子技术
18		电路分析基础
19	信息与通信工程系	通信电子线路
20		数字逻辑电路
21		数字信号处理
22		通信原理
23		单片机原理及应用

序号	系　别	核心课程名称
24	计算机工程系	计算机组成原理
25		离散结构
26		数据库系统原理
27		云计算与大数据
28		嵌入式系统原理及应用
29		计算机网络
30		数据结构与算法
31	物流管理系	物流系统规划与设计
32		运筹学
33		科技英语
34		物流管理概论
35		物流运作管理
36		物流信息系统
37		物流系统分析

(4) 桂林电子科技大学特色应用技术型人才培养通识教育核心课程，共 9 门，如表 6-7
所示。

表 6-7　桂林电子科技大学特色应用技术型人才培养通识教育核心课程汇总表

序号	核心课程名称
1	工程师职业素质
2	毛泽东思想与中国特色社会主义理论体系概论
3	大学英语 I
4	大学英语 II
5	大学英语 III
6	大学英语 IV

续表

序号	核心课程名称
7	高等数学 I
8	高等数学 II
9	概率论与数理统计

3) 加强"双师型"教师队伍的建设

北海校区坚持人才兴校战略，坚持把高水平师资队伍建设放在首位，加大高层次人才培养与引进力度，加强高水平教学团队建设，形成了促进优秀人才脱颖而出的良好环境。建立教师实践企业培训制度。启动"双师型"教师资助计划，创建教师践习培训实践平台，培养"双师型"师资队伍。北海校区以学校培训为中心，以企业合作为学生服务的基地，同时选择若干企业和高校形成网状教师培训平台(很多种类的技术的践行平台：① 体验性的实践平台；② 企业中的生产实践践行平台)，以期以最快的速度建设一支高水平的"双师型"师资队伍。

4) 构建了多元化、多层次的教学质量保障机制

提升人才培养质量是贯穿办学全过程的主线。北海校区加强课程规范、课程质量标准和课程资源建设，并逐步实现制度化。教学质量管理做到"三纳入"和"四同步"。"三纳入"即纳入教学计划和规划、教学管理制度、有关人员的职责范围，作为考核教学质量和管理水平的标准之一。"四同步"即下达教学任务与提出教学文件材料的归档要求同步；检查教学工作与检查教学文件材料形成积累同步；评审、鉴定教学质量、材料、毕业论文、优秀教学成果与审查、验收材料同步；毕业分配、上报评审材料、教师考核晋升与档案部门出具档案证明同步。

对各层次的所有学生进行过程培养"个体监测"建档记录，通过每学期课堂教学、试卷评估、质量测评、过程督导、学生教师座谈、企业监测等手段，形成了"决策—执行—检查—调研—反馈—改进"的质量保障系统循环机制，建立了 53 个企业监测点，毕业生质量得到社会的高度赞誉。企业监测点汇总如表 6-8 所示。

表 6-8 桂林电子科技大学应用技术类人才培养质量校外企业监测点汇总

序号	名　单	合作系部
1	北海市诚德镍业有限公司	机电工程系
2	北海市友联电脑有限责任公司	机电工程系
3	广西华中科技有限公司	机电工程系
4	广西驴来驴往信息科技有限公司	机电工程系
5	广西三创科技有限公司	机电工程系
6	南宁市乌贼文化科技有限公司	机电工程系

序号	名　　单	合作系部
7	深圳市捷顺科技实业股份有限公司	机电工程系
8	武汉佳盟新科实验器材有限公司	机电工程系
9	武汉旭辉久恒科技有限公司	机电工程系
10	西安北星电子科技有限公司	机电工程系
11	珠海市博威尼自动化有限公司	机电工程系
12	珠海市华亚机械科技有限公司	机电工程系
13	珠海市联特机电设备有限公司	机电工程系
14	珠海市梅木自动化科技有限公司	机电工程系
15	北海高新技术创业园发展有限公司	信息与通信工程系
16	北海市中电高科孵化器有限公司	信息与通信工程系
17	北海振荣信息科技有限公司	信息与通信工程系
18	珠海市博威尼自动化科技有限公司	信息与通信工程系
19	成都黑帆电子科技有限公司	信息与通信工程系
20	广州物联通信设备有限公司	信息与通信工程系
21	广州轩远通信科技有限公司	信息与通信工程系
22	广州粤嵌通信科技股份公司	信息与通信工程系
23	桂林广岳科技有限公司	信息与通信工程系
24	桂林蓝港科技有限公司	信息与通信工程系
25	桂林量子物联科技有限公司	信息与通信工程系
26	桂林启智科技有限公司	信息与通信工程系
27	桂林市千幻网络科技有限公司	信息与通信工程系
28	桂林市小蜗科技有限公司	信息与通信工程系
29	昆山丘钛微电子科技有限公司	信息与通信工程系
30	珠海市梅木自动化科技有限公司	信息与通信工程系
31	南京润众科技有限公司	信息与通信工程系
32	深圳信盈达科技有限公司	信息与通信工程系
33	百科荣创(北京)科技发展有限公司	计算机工程系
34	广东以诺通讯有限公司	计算机工程系

序号	名 单	合作系部
35	广州东软睿道教育信息技术有限公司	计算机工程系
36	杭州大农文化创意有限公司	计算机工程系
37	惠州至精精密技术有限公司	计算机工程系
38	柳州市双飞汽车电器配件制造有限公司	计算机工程系
39	上海滨丽电子科技有限公司	计算机工程系
40	上海朋美文化传播有限公司	计算机工程系
41	上海天马微电子有限公司	计算机工程系
42	上海羡晟数码技术有限公司	计算机工程系
43	深圳软通动力信息技术有限公司	计算机工程系
44	深圳市捷翔电子有限公司	计算机工程系
45	深圳市世博物流有限公司	计算机工程系
46	深圳市智立方自动化设备有限公司	计算机工程系
47	深圳一滴水环保科技有限公司	计算机工程系
48	世硕电子(昆山)有限公司	计算机工程系
49	北海嘉颖网络科技有限公司	艺术设计系
50	北海路边社传媒有限公司	艺术设计系
51	北海市汇才文化传媒有限公司	艺术设计系
52	北海市晟景建筑有限公司	艺术设计系
53	叠彩区艺民广告装饰经营部	艺术设计系
54	方格子设计(深圳)有限公司	艺术设计系
55	佛山市高明安华陶瓷洁具有限公司	艺术设计系
56	广西福生号珠宝有限公司	艺术设计系
57	广西恒华建筑装饰有限公司	艺术设计系
58	广西良港创业投资有限公司	艺术设计系
59	广西木棉树文化传播有限公司	艺术设计系
60	广西微点文化传播有限公司	艺术设计系
61	南宁金睿网络科技有限公司	艺术设计系
62	平南县建筑安装工程有限公司	艺术设计系

序号	名　　单	合作系部
63	上海道加创意设计有限公司	艺术设计系
64	上海几素贸易有限公司	艺术设计系
65	深圳市博拉图创新产品开发有限公司	艺术设计系
66	天彩电子(深圳)有限公司	艺术设计系
67	珠海信通设备有限公司	艺术设计系
68	北海海食商贸有限公司	物流管理系
69	北海华科网络信息服务有限公司	物流管理系
70	北海集装箱发展公司	物流管理系
71	北海乐知科技有限公司	物流管理系
72	北海兴业服务有限公司	物流管理系
73	东莞市华荣通信技术有限公司	物流管理系
74	钦州市钦州港弘运物流服务有限公司	物流管理系
75	深圳市鹏洲达电子有限公司	物流管理系
76	深圳市坪山新区旺达电子厂	物流管理系
77	深圳市盛宏兴电子有限公司	物流管理系

参 考 文 献

[1]　周继香. 应用型人才培养教学质量监控体系的构建[J]. 继续教育研究，2015(1)：24.

[2]　权大哲. 关于构建应用技术人才培养院校高专院校内部教学质量监控体系的思考[J]. 辽宁农业职业技术学院学报，2016(1)：84.

[3]　文学运. 地方本科院校加强教学质量监控的若干思考[J]. 赤峰学院学报，2015(2)：36.

[4]　刘丽莹. 网络教育环境下的教学质量监控研究[J]. 教育教学论坛，2015(12)：56.

[5]　陆宵宏. 高职院校教学质量监控与保障问题的研究[J]. 亚太教育，2016(13)：68.